LA MUERTE DE ARTEMIO CRUZ: **SECRETO GENERATIVO**

SANTIAGO TEJERINA-CANAL

LA MUERTE DE ARTEMIO CRUZ: SECRETO GENERATIVO

SOCIETY OF SPANISH AND SPANISH-AMERICAN STUDIES

The Society of Spanish and Spanish-American Studies promotes biblio-
graphical, critical and pedagogical research in Spanish and Spanish-
American Studies by publishing works of particular merit in these areas.
On occasion, the Society will also publish creative works. SSSAS is a non-
profit educational organization sponsored by the University of Colorado,
Boulder. It is located at the Department of Spanish and Portuguese,
University of Colorado, Boulder, McKenna Languages Building, Boulder,
Colorado 80309-0278, U.S.A.

Library of Congress Catalog Card Number: 0-89295-042-0
ISBN: 86-63039

SSSAS:

Printed in the United States of America

a Bonnie
a Santi
a Jeffrey
a Jennifer

AGRADECIMIENTOS

Este estudio de cuyos errores sólo yo, autor implícito, soy/es responsable, no hubiera sido posible sin la múltiple colaboración de profesores, colegas, familiares y amigos. A todos ellos mi más sincero agradecimiento. Fructíferas discusiones con Martha Francescato hicieron germinar los primeros brotes de mi fiebre artemiana. Posteriormente, la participación en varias conferencias me empujó a seguir en el trabajo. Agradecimiento singular debo a Daniel Murphy y a mi compaíera de siempre Bonnie, magistral mano, además, que materializó en letra de molde, junto con Joyce Sager, mis ininteligibles rasgos de escritura. A Pedro Barreda, Francisco Fagundes, Francisco Fernández-Turienzo, Nina Scott, Doris Sommer, Harlan Sturm y Michael Ugarte adeudo acertados comentarios; a Wilfrido Corral y Anthony Terrizzi debo, además de estos, su inestimable consejo; a Luis González-del-Valle y a los lectores de la SSSAS su interés y apoyo; y, sobre todos, reconocimiento especial a la ayuda inestimable de los profesores, consejeros y amigos Harold Boudreau y Sumner Greenfield, maestros y guías constantes y desinteresados en esta quijotesca profesión literaria, lectores asiduos de este estudio y coautores con sus valiosas observaciones y sugerencias de mis aciertos.

Por último, recuerdo y agradecimiento a mis padres y hermanos, testigos confidentes y mudos de mi quehacer; a mi esposa Bonnie y a mis hijos Santi y Jeffrey por su continua comprensión material y efectiva, generadora de inspiración y fuerza.

STC — Amherst, Universidad de Massachusetts, 1981
Clinton, Hamilton College, 1984

INTRODUCCION

a book begins with its cover,
its author's name, its title.

Bruce Morrissette[1]

Con estas palabras parafrasea Bruce Morrissette en un artículo en extremo interesante y revelador, las conclusiones del novelista y crítico Jean Ricardou sobre la importancia de la teoría generativa. Tales ideas parecen especialmente idóneas para *La muerte de Artemio Cruz,* la segunda de las dos novelas de Carlos Fuentes aparecidas en 1962—la otra fue *Aura*—, con cuya publicación el autor mexicano realiza un paso decisivo hacia su consagración como novelista privilegiado de ese artísticamente discutido «boom» hispanoamericano, indiscutible en su popularidad. Efectivamente, en la cubierta se dibuja un título que hallamos revelador y el nombre de un autor importante, que en la creación de la obra se distancia y, dando vida a un protagonista-narrador, deja que la novela se haga a sí misma, generada también por y a partir de ese narrador-protagonista en su mismo nombre, Artemio Cruz. Aún más adelante, y antes de llegar al texto propio, nos hallamos con una nueva fuerza generatriz constituida por cinco escuetos pero acaudalados epígrafes, a los que sigue una sugestiva dedicatoria. Epígrafes y títulos, nombre y dedicatoria no son, pues, simples pretextos o subterfugios vacíos que el autor escoja por capricho o al azar en busca de una apariencia más o menos culta o popular, o de un tema más o menos transcendental o liviano. Al contrario, forman parte integral y escencial de la obra, colocados inmediatamente antes del texto—«pre-textos» y no pretextos—como elemento generador auto-consciente que nos ayudará a comprender con más plenitud el texto mismo.

1. *La teoría generativa: definición y tipología*

La posibilidad de una creación literaria absoluta se presenta de todo punto inalcanzable: «tout texte se construit comme mosaïque de citations, tout texte est absortion d'une autre texte.»[2] Jean Ricardou parece defender que lo que se halla más próximo a la pura creación literaria, en su sentido de sacar de la nada, «exnihilo,» [sic] es la auto-generación o formación de un texto engendrado en sí mismo, usando como base generativa la secuencia de sus propias palabras, puesto que «une fiction se trouve suscitée par un langage et ... un langage se trouve pris dans une fiction.»[3] Ese auto-engendramiento ricardouano nos trae a la memoria el estudio de Steven G. Kellman sobre *The Self-Begetting Novel;* o quizás podríamos identificar en parte tal auto-generación literaria con alguno de los tipos de la cuádruple taxonomía de la metaficción ofrecida por Linda Hutcheon en su *Narcissistic Narrative*. Efectivamente, Ricardou comienza el estudio de esa auto-generación en el examen de elementos externos al texto mismo: desde las pastas del libro, la paginación, las divisiones y los capítulos, al nombre del autor, el título de su obra, el epígrafe y la dedicatoria.[4] De esta manera de unas huecas convenciones tradicionalmente olvidadas fuera del texto urde palabras generativas integradas en él, de modo que «sous le naturel d'une présentation innocente, s'accomplit en fait une très vive actitité idéologique.»[5]

Después de todo, cual dice Marcelin Playnet, «¿por qué hay que admitir que, en un libro, la cubierta no es para leer, que no es para leer el nombre del autor, el título que no puede ser meramente indicativo, el género, el editor, la colección...?»[6] En la histórica reunión de los elementos más activos de la *nouveau roman* en Ceresy-la-Salle (20-30 de julio, 1971), Alain Robbe-Grillet contrapone en cierto modo «notre système de générateurs à l'organisation traditionnelle du récit,» especificando, en la misma línea que venimos apuntando, que «ce que le générateur a de particulier, c'est qu'il engendre: il s'engendre lui-même et engendre en même temps d'autres générateurs.»[7] Jean Ricardou explica en otra ocasión que no se puede asimilar la «producción» ni sólo con la «creación» de la nada, ni con la pura «expresión»: «avec la production on reconnaît deux grandeurs: d'une part une *base* de départ, d'autre part le travail transformateur d'une certaine *opération*. On apellera générateur la couple formé d'une *base* et d'une *opération*.»[8]

Entendemos, pues, por «generadores» aquellos elementos que desencadenan e insinúan la creación o re-creación de una obra, sirviendo por ello

tanto en su producción como en su análisis posterior. Desconocemos si en
nuestro caso esas fuerzas son, en la mente de Fuentes, anteriores, simultá-
neas o posteriores en su nacimiento al resto del texto novelístico; a decir
verdad, tampoco nos preocupa demasiado, por entender tal hecho como
irrelevante, ya que en el producto acabado, en la obra de arte definitiva, no
cabe duda de que nuestros generadores—título, epígrafes, dedicatoria y
nombre del protagonista—son anteriores en el espacio textual y, por tanto,
en el tiempo de cada lector, a quien única y definitivamente pertenece la
obra de ficción que él mismo recrea en cada nueva lectura: «Una vez que el
libro se publica entonces sí ya le pertenece a los lectores, uno o un millón,»
afirma el propio carlos Fuentes.⁹ O bien, haciendo nuestras las palabras de
Ricardou, «en vérité, il m'interesse assez peu de savoir quel est *l'auteur*
d'une texte. Ce qui m'interesse, c'est l'activité qui se produit dans ce
texte.»¹⁰ De igual forma, prescindimos de si esas fuerzas generativas son
intencionadas o no por parte del autor, puesto que ahí se hallan en beneficio artístico de la obra, y es nuestro deber de crítico el descubrirlas. Aún
más, en palabras de Bruce Morrissette, «we no longer deal with principles
that may have functioned only unconsciously, if at all, in the author's elaboration of his work, but with an intentional 'deep structure' which the
critic (or, in some cases, the author) may reveal.»¹¹ El mismo Morrissette
divide los generadores en «lingüísticos» y «situacionales,» siendo los primeros «letrísticos,» «silábicos,» «fonéticos,» «anagramáticos,»... y, por tanto,
materiales del «significante,» mientras que los segundos, los situacionales,
son elementos semánticos y referenciales del «significado.»¹² Estos últimos
«almost inevitably produce fictional structures while the former may be
limited to poetry, or to text of nonfictional prose. The most evolved
generative works will contain both types.»¹³ Este último es el caso de *La
muerte de Artemio Cruz,* obra poética de meta-ficción.

Dejando a un lado posibles elementos significativos de la paginación,
empezamos por, *escuetamente,* sugerir ahora, siguiendo pasos ricardouanos, la importancia generativa del nombre del autor, CARLOS FUENTES,
por su progresión numérica de letras (6, 7), paralela a la graudal
ordenación de trama y estructura o al progresivo enriquecimiento material
del protagonista e intelectual del lector. Por otra parte, tanto su apellido
como su nombre prefiguran la importancia de dos aspectos esenciales en
esta obra y en nuestro estudio de ella: las intertextualidades (otrora
llamadas fuentes) y lo social (al ser nuestro autor homónimo de Marx).¹⁴

En el cuerpo central de nuestro estudio examinaremos con mayor
detenimiento los otros elementos auto-generativos mencionados por el

novelista-crítico francés, convergiendo específicamente en cuatro: en primer lugar escrutaremos el epígrafe, en esta ocasión quíntuple, surgeridor por ello de variadas intertextualidades; estos epígrafes, como «generadores situacionales», apuntan a la organización de estructuras ficticias y temáticas. Precisamente en los capítulos tercero y cuarto centraremos más la atención en las estructuras técnicas de ficción anunciadas en los epígrafes. Desentrañaremos en segundo término el título de la obra como generador de sentidos paralelos a los de los epígrafes, mediante procedimientos de identidad, alternancia y similitud fonética o semántica; «un título así—dice Marcelin Pleynet—lee y descifra, es para leer y descifrar de la misma forma que suscribe la función del título, la convención del título.»[15]

Examinaremos también un generador olvidado en la práctica por Ricardou, aunque implícitamente incluido al decir que el texto «utilise son propre lexique comme base génératrice.»[16] Nos referimos a los nombres de los personajes y muy en especial al del protagonista, lo que supone un análisis generativo lingüístico. No obastante, observamos que la taxonomía generativa dual es a veces ambigua, y así lo reconoce el mismo Morrissette: «since linguistic generators may thus be closely involved in the production of situations and themes, we see that there is no hard and fast distinction between the linguistic and the situational types.»[17] Epígrafes, título y nombre irrumpen sin cesar en los campos de ambos tipos de generadores. Esta situación es particularmente plausible en los análisis generativos de título y nombre, productores de estructuras semánticas y referenciales, originadas en generadores lingüísticos letrísticos, silábicos o fonéticos. No olvidaremos, por último, el poder generador de la dedicatoria, que en nuestro caso y en contraste al de Ricardou no se refiere a un personaje ficticio sino real, lo que se traduce en camentario directo de ese mayor interés de Carlos Fuentes por la relación ficción-vida.[18] En cierto modo, cual Barthes en *S/Z* al examinar *Sarrasine* de Balzac, partimos del examen textual y exhaustivo de varios fragmentos significativos o «lexias». No nos entendemos, sin embargo, a todas las lexias del texto sino que únicamente nos limitamos a las pretextuales como generadoras autoconscientes, tanto paradigmática como sintagmáticamente, de todo el cuerpo léxico y semántico de la obra.

Al examinar *La muerte de Artemio Cruz* nos han parecido, pues, esenciales para su comprensión cuatro frentes distintos e interdependientes que Carlos Fuentes nos otorga de forma ordenada y aparentemente consciente, para la conquista del sentido artístico de la obra en su doble aspecto formal

y temático. Existe una trabada interdependencia entre los cuatro, puesto
que el campo de batalla es el mismo. Esos cuatro frentes de combate, esos
cuatro generadores—epígrafes, título, dedicatoria y nombre, los «pre-
textos»—no sólo prefiguran intereses temáticos y semánticos de la obra,
sino su misma técnica, dos de cuyos aspectos, el punto de vista y el tiempo,
nos merecen un mayor interés por ser base estructural de ese universo artístico que es *La muerte de Artemio Cruz.* En ese sentido y en contraposición
a Steven G. Kellman con referencia al uso de algunos títulos, no consideramos nuestro grupo cuádruple de generadores meramente «extrinsic»; y de
ninguna manera «aesthetically irrelevant.»[19] Kellman defiende lo ex-
trínseco de los títulos por su irrelevancia artística en obras pictóricas o
musicales. Sin embargo, podríamos pensar en títulos integrados a una obra
pictórica si la forma, colocacióny colorido—la composición—de las letras
pintadas van en consonancia con el resto del trabajo; es decir, si el título es
pictóricamente estético. De manera análoga el título de una obra literaria
formará parte de ella al utilizar artísticamente tanto uno como otra el
mismo medio: el verbal. Además, para el lector moderno, participante activo, la investigación de esas verbalizaciones pretextuales «scriptibles» que
exigen juegos anagramáticos textuales, le dan ocasión de alcanzar un
erótico «jouissance» estético-intelectual.

2. *Las teorías de la intertextualidad y de la auto-consciencia*

Hemos de tener en cuenta, por otra parte, que aquellos años sesenta en
que apareció la novela tema de nuestro estudio, eran testigos de un doble y
paralelo fenómeno complementario: desde el punto de vista creativo
asistimos a la eclosión de la *nueva novela,* francesa o no, en su vuelta sobre
sí misma, sobre sus propios lenguaje, técnica y proceso productivo autoconscientes; en el campo de la teoría literaria, por otro lado, es la hora
álgida de la nueva crítica estructuralista que conducirá de la mano
especialmente de Julia Kristeva y Roland Barthes, al descubrimiento ter-
minológico y fijación conceptual de la «intertextualidad.»[20] Se substituye
el proceso creativo individual que supone el concepto de influencia, por el
de la colectiva re-creación, reproductora y en lucha de autor y lector en el
texto plural en formación y sentido, implicada en el concepto de intertextualidad. En palabras de Laurent Jenny, «intertextuality... designates not a
confused, mysterious accumulation of influences, but the work of transformation and assimilation of various texts that is accomplished by a focal text

which keeps control over the meaning.»[21] Autoconsciencia artística e intertextualidad crítica son dos caras de la misma moneda renovadoramente acuñada de la nueva literatura.

Ya hacía tiempo que Jorge Luis Borges había escrito y publicado sus relatos críticos, bajo el título precisamente de *Ficciones,* preñados de autoconsciencia e intertextualidades temáticas, estructurales o lingüísticas, descubiertas o encubiertas. Barthes insistía en la convencionalidad de la literatura y en su esencia lingüística, apuntando la dicotomía entre los textos tradicionales «lisibles» como fuentes de «plaisir» y los nuevos «scriptibles» como generadores de «jouissance.»[22] El mismo Carlos Fuentes apunta que «the innovation of our generation and the people immediately before us lies in the fact that we're trying to offer, not a slice-of-life, but a slice-of-imagination.»[23] Nuestro novelista resalta reiteradamente la relevancia crucial de la «ficcionalización radical» en *Cambio de piel,* lo que es claramente válido para la gran mayoría de su ficción y muy en especial, como veremos, para *La muerte de Artemio Cruz;* en tal sentido, de nuevo en analogía a *Cambio de piel,* «la única manera de entender esta novela es si se acepta su ficcionalidad absoluta... Es una ficción total. No pretende nunca el reflejo de la realidad. Pretende ser una ficción radical, hasta sus últimas consecuencias.»[24] El cambio de actitud hacia una construcción puramente ficticia de Fuentes a partir de *Cambio de piel* no es tan violento como Luis Leal señala en cierto momento de su estudio sobre la Historia y el Mito en Carlos Fuentes;[25] la utilización profusa de elementos históricos no necesariamente contradice la esencia ficticia de nuestra novela materializada tanto en su técnica como en su perspectiva. La evolución de la obra de Fuentes ha de establecerse dentro de su empeñada ficcionalidad técnicamente antitradicional y antirealista; si indagamos un cambio brusco en este aspecto habría que buscarlo más bien con posterioridad inmediata a *Las buenas conciencias,* obra escrita según Fuentes «en un momento de ruptura» y cuya publicación él mismo ha repetidamente cuestionado.[26] En fin, «all fiction is fiction,» nos repetirá una y otra vez George Levine en «Realism Reconsidered.»[27]

Reconocido así tal hecho de ficcionalidad por unos autores que son a la vez críticos—Fuentes es un buen ejemplo de ello—, desarrollan éstos con plural ostentosidad esa autoconsciencia ficticia dentro de la misma obra creativa que, de ese modo, se convierte en autoconsciente. No obstante, la autoconsciencia textual—no autorial—de la ficción no necesariamente ha de ser evidente. Al contrario, el buen artista esconde paradójicamente la ostentosidad de su artificio mediante metáforas temáticas o técnicas, narrativas o lingüísticas. En palabras de Robert Alter en *Partial Magic*, «the artifice... should not be flatly 'self-evident' but cunningly revealed, a hide-and-seek presence in the novel, a stubbornly ambiguous substratum of the whole fictional world.»[28]

3. *La tipología hutcheoniana de la metaficción*

En esta luz novelística y crítica trataremos de apuntar lo que juzgamos meollo de la originalidad y modernidad artísticas artemianas, como fruto de una tradición bien asimilada y disimulada por Fuentes. Vemos en *La muerte de Artemio Cruz* un ejemplo sobresaliente del «narcismo lingüístico y diegético» de Linda Hutcheon, susceptible de estudio, por su complementariedad y analogía con los generadores lingüísticos y situacionales antedichos, en conjunción con las líneas de la teoría generativa.[29]

Linda Hutcheon afirma que «metafiction... is fiction about fiction—that is fiction that includes within itself a commentary on its own narrative and/or linguistic identity.»[30] Tal aserto definiría con acierto la obra objeto de nuestro estudio, lo que hace de ella parte del narcisismo hutcheoniano, desprovisto por la crítico de cualquier sentido derogatorio—puesto que describe no al autor o al lector sino el texto.

a. *El narcisismo diegético descubierto: la intertextualidad*

En efecto, epígrafes, título, dedicatoria y nombre se erigen, como explicaremos, en comentario más o menos encubierto sobre el proceso de producción técnica y temática de la obra, al funcionar cual lo que la misma Hutcheon nominaría elementos narcisistas narrativos o diegéticos. Este tipo de autoconsciencia diegética va del modelo hutcheoniano «descubierto» («overt») al «encubierto» («covert»). En ese sentido, epígrafes y dedicatoria apuntan intertextualidades concretas cuya re-creación no se halla muy lejos de la parodia—para Hutcheon, la forma más importante de este tipo de metaficción diegética descubierta—por lo que tienen aquéllas de renovadoras de pasadas convenciones literarias. La misma Hutcheon pone en tela de juicio la total separación de ambos términos: «Is... the modern concept of 'intertextuality' or textual intersubjectivity so very different from the parodic dialectic that appears to be central to the novel? ...

Is Kristeva's 'intertextualité' really so far from the Russian formalist theory of parody?»[31] Este tipo de metaficción diegética descubirta constituida por las intertextualidades de epígrafes y dedicatoria introduce en la historia desde dentro de la obra misma sus preocupaciones sobre el proceso de creación, las convenciones narrativas y el desarrollo temático, diegético o lingüístico, desafiando al lector/crítico a desempeñar un papel más dinámico.

b. *El narcisismo diegético encubierto: la fantasía*

Por otra parte, el tratamiento técnico del espacio y del tiempo en la novela, anunciado como veremos en dos de los epígrafes, en el título y en el nombre, rompe con las convenciones referenciales vitales, acentuando el carácter fantástico del conjunto. Sabemos por Hutcheon que «all novelistic fiction-making and world-ordering find paradigms in the reading of fantasy, and it is this realization that the covert-diegetic mode of metafiction exploits.»[32] Consciente de participar en la creación de una fantasía—el modo por antonomasia del narcisismo diegético encubierto—, el lector/crítico busca un ordenamiento lógico de esas dimensiones espaciales y temporales, de forma que «the act of reading becomes one of ordering as well as imagining, sense-making as well as world-building.»[33] Hallaremos en nuestro caso tal estructuración racional en las áreas mentales y psíquicas del narrador-protagonista, consciente de que nos encontramos ante una pura fantasía, hija de la imaginación: «narrative has the power to reverse time: its words progress in a linear fashion in space and time but the referents of those words can be temporally reversed.»[34]

c. *El narcisismo lingüístico descubierto: el «heterocosmos» lingüístico*

En cuanto mero lenguaje, los epígrafes, dedicatoria, título de la obra y nombre del protagonista nos insinúan, a partir de claves textuales, artificios «narcisistas lingüísticos,» también en sus formas «descubierta» y «encubierta.» Como en el caso del «narcisismo diegético descubierto», son principalmente epígrafes y dedicatoria quienes apuntan desde dentro de la obra a la creación y ordenación de un mundo consciente y abiertamente lingüístico, cuyos referentes, aunque de base real, permanecen meramente ficticios. Tal «heterocosmos» ficticio no es en palabras de Hutcheon «an object of perception, but an effect to be experienced by the reader, an effect to be *created* by him and in him.»[35] Después de todo, diría Borges, nuestra novela no pude ser «una transcripción de la realidad, porque la realidad no es verbal.»[36] Tal hecho no supone una huida de la realidad empírica, pues, si bien es cierto que nos hallamos en un mundo de fantasía, este «heterocosmos» puede aparecer tan lógico como el cosmos real, al encontrarse henchido de eventos históricos; en *La muerte de Artemio Cruz* tales sucesos de la Historia se refieren de una manera crítica, presagiada en la dedicatoria, al pasado de las teogonías indígenas, de la conquista, de la colonización, de la independencia y de la revolución, al presente de la corrupción política, social y económica, y a un futuro que con tales precedentes acaso no sea halagüeño. Como en *Terra nostra* Fuentes busca «the fictionalization of history and a historization of fiction,»[37] para de esa forma conquistar «la oportunidad de una segunda historia, no quedarse con la historia que tenemos, que tanto detestamos, que tanto nos ha humillado.»[38] En ese intrincado mundo de fantasía se mueve un protagonista fantástico cuya narración lingüística, aunque ficticia, no se aleja demasiado de la experiencia empírica, efectuando actividades idénticas a las nuestras: «we always tell stories—to escape, to remake, to alter our past and our future.»[39] Artemio Cruz se convierte así en el novelista de su propia vida, con un estilo cuya ortografía, sintaxis y puntuación, por su misma anticonvencionalidad, nos obliga a registrar la consciencia lingüística de la obra y del escritor. Precisamente porque, de nuevo según Hutcheon, «it is the writer figure who is acutely aware of his progress in writing words on paper, and thus he draws the reader's attention to the linguistic creative act in time and space.»[40]

d. *El narcisismo lingüístico encubierto: juegos morfo-fonéticos*

Dentro ya de la cuarta y última modalidad del narcisismo hutcheoniano, el «lingüístico encubierto»—si bien a veces en las fronteras del «descubierto»—se hallan los anagramas, juegos de palabras, sílabas o letras sugeridos, en nuestro caso, especialmente por el título de la obra y el nombre del protagonista (también el de otros personajes). En esta variedad del narcisismo «lingüístico encubierto» el lector descubre con ayuda de ciertas claves, el proceso implícito actualizado de la ficción, llegando a una casi total igualación de lectura y escritura como activos esfuerzos creativos de lenguaje.[41] Como Ricardou afirma, «lire, c'est explorer les relations spécifiques par lesquelles sont liés les éléments d'un texte. Voilà pourquoi, à la limite, un livre qui ne résiste pas ne mérite guère lecture.»[42] En este sentido, Linda Hutcheon, en cercana base teórica a la práctica de nuestro estudio, añade que «the linguistic self-reflectiveness or even the self-generation of the text are forms of resistance to the act of the reading, shifting attention to the semantic, syntactic, and often also phonetic texture of the words which actually serve to structure as well as constitute the work.»[43] También Robert Alter en su capítulo sobre el juego de palabras en Nabokov apunta

> the double function of an artificial language... for calling our attention, as most self-conscious novelists have done, to the fact that the reality of the fiction is assembled from words and letters... demonstrating language's capacity for mirror-reversal, by showing how the universal elements of written language can be manipulated by the artificer through a constant chain of shifting patterns so that they make or at least designate, different realities.[44]

Sin embargo, Hutcheon cuestiona como problemático tal acercamiento lingüísticamente narcisista y auto-generativo, en la medida en que sea el autor quien desentrañe unos códigos tan criptogramáticamente disimulados que están fuera del alcance del lector, siendo por ello extraños a la *diegesis* y *mimesis* novelesca.[45] No obstante en nuestro caso, como lector-crítico, creemos poder desentrañar la génesis pre-textual, textualmente funcional e inmanente, estructuradora de la obra de Fuentes a partir de ciertos códigos presentes en la novela, los cuales conducen a generadores que a su vez funcionan como comentario dentro de la obra de su propia identidad narrativa y lingüística.

Laurent Jenny, estudiando los anagramas como un tipo de intertextualidad «most virtuoso, but also least feasible,» [sic] los considera «a veritable discourse within the discourse.»[46] Por su parte, Severo Sarduy, refiriéndose a la «intratextualidad» del barroco y neobarroco, nomina este tipo de juego lingüístico como «gramas fonéticos» constituyentes de la «operación por excelencia del escondite onomástico,... que ostenta los trazos de un trabajo fonético, pero cuyo resultado no es más que mostrar el propio trabajo.»[47] De nuevo Ricardou en la «Discussion» que siguió a la ponencia de Renato Barilli en las reuniones de Ceresy-la-Salle insiste en la importancia para la nueva novela de la actividad productiva del calembour, heredada de Proust, Joyce, Kafka y Roussel.[48] Veremos que este juego de generación autoconsciente apunta y clarifica tanto aspectos artísticos como sociopolíticos, culturales e históricos de forma que, en palabras de Hutcheon, «if self-reflecting texts can actually lure the reader into participating in the creation of a novelistic universe [así ocurre en *La muerte de Artemio Cruz*], perhaps he can also be seduced into action—even direct political action.»[49] Carlos Fuentes opone así paradójicamente el lenguaje artístico, autoconsciente de su ficcionalidad auténtica, al lenguae tristemente real, demagógico y falso de los poderes constituidos, en esa lid dialéctica apuntada por él mismo como crítico: «asistimos a una lucha frontal de dos lenguajes: el mentiroso del poder y el auténtico del artista.»[50]

4. *La importancia del lector*

Todo este aparato teórico nos ofrece la clave interpretativa y la herramienta crítica para la comprensión de la revitalización, no sólo de la forma novelística tradicional, sino también de la participación activa del revivificador del texto, el lector; en palabras de Hutcheon, «metafiction has two major focuses: the first is on its linguistic and narrtive structures, and the second is on the role of the reader.»[51] En este sentido, Lanin A. Gyurko en su clarividente análisis comparativo entre *La muerte de Artemio Cruz* y *Citizen Kane,* observa:

> Another aspect that both works have in common is the significant role that is given to the viewer/reader, who can no longer remain a mere passive recipient of verbal and visual imae s, but is given the freedom to put together the fragments of the protagonist's lives and to render his or her own value judgment. The reader/viewer is compelled to be active, to bring order to chaos, to synthesize the myriad perspectives and to come to grips with the problematic nature of the two protagonists.[52]

La muerte de Artemio Cruz, como todo texto auténticamente narcisista, nos recuerda, pues, de continuo su paradójica naturleza ficticia, puesto que es «both narcissistically self-reflexive and yet focused outward, oriented toward the reader.»[53] De esa forma, también paradójicamente, fuerza al lector, por una parte, «to acknowledge the artifice, the 'art' of what he is reading; on the other, explicit demands are made upon him, as a co-creator, for intellectual and affective responses comparable in scope and intensity to those of his life experience.»[54] De este desafío intelectual al lector nació el primer impulso que nos llevara a la iniciación de este estudio, pues es precisamente en esa actividad de la lectura donde se unen crítico, escritor y lector: «Self-interpreting texts imply the amalgamation of the functions of reader, writer and critic in the single and demanding experience of reading.»[55]

5. *La práctica de la narrativa autoconsciente a partir de «El Quijote»*

La triple actividad literaria de Carlos Fuentes, novelista, crítico y lector, lo coloca en las mismas circunstancias de los máximos exponentes de la metaficción moderna, cual Vladimir Nabokov, Jean Ricardou, Alain Robbe-Grillet, John Barth, John Fowles, Paolo Volponi, Miguel de Unamuno, Jorge Luis Borges, Alejo Carpentier, Julio Cortázar, Gabriel García Márquez, Juan Goytisolo o Gonzalo Torrente Ballester. Son precisamente estos escritores quienes comienzan a teorizar y polemizar sobre la existencia, características y tipologías de la metaficción; ejemplares pioneros en este aspecto son los estudios de Ricardou y Robbe-Grillet sobre la *nouveau roman*. El mismo Fuentes publicará en 1969 un estudio dobre *La «nueva novela» hispanoamericana*. Disponemos además de innumerables críticos estudiosos del fenómeno, entre quienes podríamos destacar a Barthes, Todorov, Genette, Jameson, Chatman, Culler o Severo Sarduy. Como fijadores definitivos del género de la metaficción contamos con sendos libros de Robert Alter, Robert Scholes, Linda Hutcheon, Steven Kellman, Patricia Waugh, o Michael Boyd. Todos ellos nos muestran que este fenómeno nuevo de la metaficción no lo es tanto, pues proviene de la más rancia tradición narrativa, en la que apuntan de *Tom Jones* (1749), *Tristram Shandy* (1759-66), *Jacques le Fataliste* (1796) o *Madame Bovary* (1856), a *Niebla* (1914), *Les Faux-monnayeurs* (1926), *Point Counter Point* (1928), *Finnegans Wake* (1939), *Les Gommes* (1953), *Ficciones* (1956), *La Modification* (1957), *Guerra del tiempo* (1958), *Pale Fire* (1962), *La Prise de Constantinople* (1965), *La Macchina Mondiale* (1965), *Cien años de soledad* (1967), *Rayuela* (1968), *Lost in the Funhouse* (1968), *The French Lieutenant's Woman* (1969), *Reivindicación del Conde don Julián* (1970), *La saga/fuga de J. B.* (1972),... y un cada vez más amplio etc. En su inmensa mayoría encuentran el origen y principio de esa

tradición en la primera novela moderna que abre paso a dos vertientes: una
«realista» que se centra en la «mimesis» como producto—«le récit d'une
aventure» para Ricardou—, y otra «auto-representacional» que se
preocupa de la «mimesis» como proceso diegético—«l'aventure d'une
récit» para el francés;[56] estamos hablando de El Quijote (1605-15). De él
recibe también Fuentes el legado metaficticio. De nuevo hacemos válidas
para La muerte de Artemio Cruz frases referidas a Cambio de piel: «Aquí
resulta que 'nada era cierto.' Igual que siempre: Don Quijote no es cierto,
es sólo un deseo: el de Cervantes y el de Alonso Quijano. La imaginación es
idéntica a sus deseos, y estas imágenes son sólo la aspiración de mis personajes: es decir, su única libertad posible.»[57] Carlos Fuentes resalta sin
descanso en sus artículos críticos el valor del Quijote, que es
reconocidamente una de las bases generativas de Terra nostra.[58]

Es en El Quijote, pues, donde básicamente nace esa doble tradición
continua, realista y autoconsciente, enmascarada según Linda Hutcheon,
no por culpa de la obra creadora decimonónica, sino de la escuela crítica
realista bajo la égida de críticos como Watt o Auerbach.[59] En coexistencia
con las corrientes teóricas vanguardistas modernas de que venimos hablando, esta escuela tradicional realista, privada de los instrumentos críticos
adecuados, aunque vislumbró la importancia de La muerte de Artemio
Cruz, no comprendió su técnica en toda su extensión, llegando—como
veremos—a criticar con ferocidad ciertos aspectos de la obra que tachó de
esnobistas, cuando no de extranjerizantes, anglófilos o francófilos.

Con todo, aunque algunos de los practicantes más avanzados de las
teorías generativa y autoconsciente piensen que hacen algo totalmente
nuevo, las doctrinas dramáticas clásicas de Aristóteles, llamadas por
aquéllos estáticas, tales como la unidad de acción o el artificio de la
peripecia, no dejan de ser, consciente o inconscientemente, fuente
generadora de los trabajos más modernos. En ese sentido La muerte de
Artemio Cruz en su aspecto técnico-literario parte de una estética clásica de
la obra de arte.[60]

Alonso López Pinciano, a fines del siglo XVI, en su exposición a la
Poética de Aristóteles observa, siguiendo las doctrinas del filósofo griego,
que las condiciones que ha de tener el «poema»—y extendemos éstas a la
obra literaria artística—son «unidad», «variedad» y «verosimilitud»[61]
Nuestro más preclaro novelista, Don Miguel de Cervantes, conocía
evidentemente esas teorías críticas neo-aristotélicas y las puso
magistralmente en práctica en El Quijote. La verosimilitud cobra en esta
obra carácter de metalenguaje.[62] También Cervantes nos da una lección de

variedad y unidad en su doble novela, introduciendo una serie de episodios intercalados que se hallan en relación, para nosotros evidente, con el asunto central de la vida de don Quijote, de la que son metacomentario ficticio.[63]

De manera semejante, en *Artemio Cruz* se nos narran una historia y unos hechos verosímiles—muy versímiles para nosotros por su contemporaneidad—y existe una interrelación entre la acción principal del protagonista único, Artemio, o las acciones principales del triple protagonista, Yo-Tú-El, y las variadas adyacentes de otros personajes, como Catalina, o Lorenzo, o Gamaliel, o Atanasio, o Lunero, o ...[64] Según hemos dicho ya, es palmaria la admiración de Carlos Fuentes por Cervantes, y los contactos del mexicano con el español son más profundos y amplios de lo que aquí nos es pertinente examinar. No en vano Fuentes ha publicado un estudio titulado *Cervantes o la crítica de la lectura*;[65] y ha llegado a afirmar recientemente que la Edad Moderna empezó no «con el descubrimiento de América, o con la publicación de los libros de Copérnico, o con la caída de Constantinopla en manos de los turcos. No. Nació en 1605, cuando un Hidalgo de la Mancha salió a recorrer la tierra.»[66] En su clasicismo *Artemio Cruz* nos recuerda *El Quijote* a través de las teorías clásicas que estudia el Pinciano, o bien, como examinaremos, la «comedia» y el «auto sacramental» siglodeorista de Calderón, por referirnos únicamente, aunque no con carácter de exclusividad, a la tradición española.

La afinidad de Fuentes con ésta no se puede negar. Fuentes mismo habla en la «advertencia» a *Cervantes o la crítica de la lectura,* de su relación conflictiva y apasionada con España, y el recuento de México con ella a pesar de los traumas del pasado de la conquista. En esa misma obra muestra su amplio conocimiento de la literatura española desde sus comienzos.

Los variados antecedentes sociales, culturales, históricos o literarios de Fuentes sirven como manantial generativo y proliferador de múltiples intertextualidades, en muchos casos textualmente autoconscientes, generadores lingüísticos «proliferativos», que diría Morrissette.[67]

Pero además de examinar tales intertextualidades, nos será necesario hacer constar el sello personal que el propio Fuentes reivindica:

> escribiendo en español, tengo la sensación ... de pertenecer a
> una tradición muy poderosa, pero, además, de hacer desafíos
> dentro de esa tradición, de decir cosas no dichas, de llenar vastas
> lagunas históricas, de dar saltos de siglos para volver a dar-

le la mano a Quevedo, ... novelas de caballería,... al Arcipreste de Hita.[68]

No obstante, en esa tarea de la escritura—o re-escritura—y de la creatividad—o re-creatividad—no marcha Carlos Fuentes solo, ni a contracorriente de clásicos y modernos. En esta novela del autor mexicano observaremos una especial preocupación autoconsciente—los epígrafes, título, nombre y dedicatoria así lo mostrarán—por la unidad y variedad en las técnicas del «punto de vista» y del tiempo, buscando a la vez la novedad y superación artística. En esta novedosidad estética parece desarrollar nuestro autor ciertos niveles temáticos y técnicos originados en Montaigne, Calderón, Standhal, Gorostiza o el pueblo mexicano, llevando al mismo tiempo más lejos las relaciones autor-personaje de *Niebla* de Unamuno,[69] y ampliando de forma innovadora las técnicas del «punto de vista» y distancia, expuestas por Ortega y Gasset en *La deshumanización del arte,* o practicadas por Stendhal en *Le Rouge et le Noir.*

NOTAS

1. Bruce Morrissette, «Post-Modern Generative Fiction: Novel and Film,» *Critical Inquiry,* 2, N°. 2 (Winter 1975), 257.

2. Julia Kristeva, *Recherches pour une sémanalyse* (Paris: Éditions du Seuil, 1969), 146.

3. Jean Ricardou, «Naissance d'une fiction,» en *Nouveau Roman, Hier, Aujourd'hui,* direction Jean Ricardou et Françoise van Rossum-Guyon, vol. 2 (Paris: Union Générale d'Éditions, 1972), 387. Véanse también 380-385.

4. *Ibid.,* 379-392, y también la esclarecedora «Discussion» que sigue: 393-417.

5. *Ibid.,* 382.

6. Marcelin Playnet, «La poesía debe tener por objeto...,» en Redacción de Tel Quel, *Teoría de conjunto,* trad. Salvador Oliva, Narcís Comadira y Dolors Ollers (Barcelona: Seix Barral, 1971), 121.

7. Alain Robbe-Grillet, «Sur le choix des générateurs,» en *Nouveau Roman, Hier, Aujourd'hui,* direction Jean Ricardou et Françoise van Rossum-Guyon, vol. 2 (Paris: Union Générale d'Éditions, 1972), 159 y 167.

8. Jean Ricardou, «Esquisse d'une theorie des générateurs.» en Michel Mansuy ed. *Positions et oppositions sur le Roman Contemporain* (Paris: Éditions Klincksieck, 1971), 144.

9.   Saúl Sosnowski, «Entrevista a Carlos Fuentes,» *Eco*, XLIV/6, 240 (octubre 1981), 646.

10.   Ricardou, «Esquisse...,» 162.

11.   Morrissette, art. cit., 260.

12.   *Ibid.*, 254-258.

13.   *Ibid.*, 254.

14.   Ricardou, «Naissance...», 382-383, realiza un examen generativo análogo con su propio nombre, al que hace también mención en *Le Nouveau Roman* (Paris: Éditions du Seuil, 1973), 68 (cuadro).

15.   Playnet, art. cit., 122.

16.   Ricardou, «Naissance...,» 382.

17.   Morrissette, art. cit., 258.

18.   Véase Ricardou, «Naissance...,» 390-391. Carlos Fuentes en un breve inciso acusa a la *nouveau roman* francesa de sustraerse de la realidad: en Emir Rodríguez Monegal, «Carlos Fuentes,» en *Homenaje a Carlos Fuentes: Variaciones interpretativas en torno a su obra,* ed. Helmy F. Giacoman (New York: Anaya-Las Américas, 1971), 58.

19.   Steven G. Kellman, «Dropping Names: The Poetics of Titles,» *Criticism: A Quarterly for Literature and the Arts,* XVII 2 (Spring 1975), 153.

20.   Véanse de Julia Kristeva, *El texto de la novela,* trad. Jordi Llovet, 2ª ed. (Barcelona: Lumen, 1981), 195--248; *Recherches pour une sémanalyse...*, 113-116 y 255-257; y Roland Barthes, *S/Z* (Paris: Éditions du Seuil, 1970), 9-12 y 22-23.

21.   Laurent Jeny, «The Strategy of Form,» en *French Literary Theory Today,* ed. Tzvetan Todorov (Cambridge: Cambridge University Press, 1982), 39-40.

22.   Véase Barhtes, *S/Z,* en sus primeras páginas para una definición de primera mano de los términos «scriptible» y «lisible»; y *Le plaisir du texte* (Paris: Éditions du Seuil, 1973), para los de »plaisir» y «jouissance.» Para un comentario sobre ambas parejas terminológicas véase Jonathan Culler, *La poética estructuralista: el estructuralismo, la lingüística y el estudio de la literatura,* trad. Carlos Manzano (Barcelona: Anagrama, 1978), 271-274.

23.   Alfred MacAdam y Alexander Coleman, «An Interview with Carlos Fuentes,» *Book Forum,* IV, 4 (1979), 680.

24.   Emir Rodríguez Monegal, art. cit., 38.

25.   Luis Leal, «History and Myth in the Narrative of Carlos Fuentes,» en *Carlos Fuentes: A Critical View,* ed. Robert Brody and Charles Rossman (Austin: University of Texas Press, 1982), 10.

26.   Rodríguez Monegal, art. cit., 52. Véase también Wilfrido H. Corral, Carlos

Fuetes: la entrevista, una literatura oral,» *Texto Crítico,* IX, 28 (enero-junio de 1984.

27. George Levine, «Realism Reconsidered,» en *The Theory of the Novel,* ed. John Halperin (New York: Oxford University Press, 1974), 233-256.

28. Robert Alter, *Partial Magic: The Novel as a Self-Conscius Genre* (Berkeley: University of California Press, 1975), 224.

29. Véase Linda Hutcheon, «Modes and Forms of Narrative Narcissism: Introduction of a Typology,» en *Narcissistic Narrative: The Metafictional Paradox* (Ontario: Wilfrid Laurier University Press, 1980), 17-35.

30. *Ibid.,* 1.

31. *Ibid.,* 24 y 126.

32. *Ibid.,* 82.

33. *Ibid.,* 80.

34. *Ibid.,* 80.

35. *Ibid.,* 88.

36. Jorge Luis Borges, «Quevedo,» en *Otras Inquisiciones* (Madrid: Alianza, 1976), 49.

37. Alfred MacAdam y Alexander Coleman, art. cit., 685.

38. Sosnowski, art. cit., 648.

39. Hutcheon, op. cit., 89.

40. *Ibid.,* 100.

41. Véase L. Hutcheon, «Generative Word Play: The Outer Limits of the Novel Genre,» op. cit., 118-137.

42. Ricardou, *Le Nouveau Roman,* 70.

43. Hutcheon, op. cit., 119.

44. R. alter, op. cit., 194-195.

45. Hutcheon, op. cit., 124.

46. Laurent Jenny, art. cit., 46.

47. Severo Sarduy, «El barroco y el neobarroco,» en *America Latina en su literatura,* ed. César Fernández Moreno (México: Siglo XXI, 1972), 178-179.

48. En *Nouveau Roman, Hier, Aujourd'hui,* vol. 1 (Paris: Union Générale d'Éditions, 1972), 118-120.

49. L. Hutcheon, op. cit., 155.

50. Rodríguez Monegal, art. cit., 64 y páginas precedentes. Le esencialidad del lenguaje es aducida de continuo por Fuentes; véase en especial Saúl Sosnowski, art. cit., 623-635; en A. MacAdam y Alexander Coleman, art. cit., 682, sintomáticamente, el entrevistador pone en contacto, hablando de *Terra Nostra,* la importancia del lenguaje resaltada por Fuentes, con la preocupación «with the generation of discourse, and discourse generating itself.»

51.   Hutcheon, op. cit., 6.

52.   Lanin A. Gyurko, «*La muerte de Artemio Cruz* and *Citizen Kane:* A Comparative Analysis,» en *Carlos Fuentes: A Critical View,* ed. Robert Brody and Charles Rossman (Austin: University of Texas Press, 1982), 90.

53.   Hutcheon, op. cit., 76-77.

54.   *Ibid.,* IX.

55.   *Ibid.,* 152.

56.   J. Ricardou, «Esquisse...», 143.

57.   E. Rodríguez Monegal, art. cit., 46.

58.   Véase Alfred MacAdam y Alexander Colleman, art. cit., 682-684. También, S. Sosnowski, art. cit., 623-624.

59.   Hutcheon, op. cit., 40-44.

60.   Leo Pollman, en *La «Nueva Novela» En Francia y en Iberoamérica,* trad. Julio Linares (Madrid: Gredos, 1971), 284-292, rastrea en *La muerte de Artemio Cruz,* con una esquematización y brevedad que le roba convicción, «un desarrollo ciertamente 'clásico,' que avanza por medio de duplicaciones, con una exposición, cinco fases y un epílogo» (p. 289).

61.   Alonso López Pinciano, *Philosophia Antigua Poética,* ed. Alfredo Carballo Picazo, 3 vols. (1596; rpt. Madrid: Consejo Superior de Investigaciones Científicas, Instituto «Miguel de Cervantes,» 1953).

62.   Véanse Edward C. Riley, *Teoría de la novela en Cervantes* (Madrid: Taurus, 1962), Cap. V, «La verdad de los hechos,» y Alban K. Forcione, *Cervantes, Aristotle, and Persiles* (New Jersey: Princeton, 1970), 108 y sgtes.

63.   Tema controversial éste, que se puede rastrear en Juan Bautista Avalle-Arce, *Nuevos deslindes cervantinos* (Barcelona: Ariel, 1975), o Helen Percas de Ponseti, *Cervantes y su concepto del arte: Estudio de algunos aspectos y episodios de «El Quijote,»* 2 vols. (Madrid: Gredos, 1975).

64.   Para otros contactos de la novelística de Fuentes con *El Quijote,* véase Luis Dávila, «Carlos Fuentes y su concepto de la novela,» *Revista Iberoamericana,* XLVII, 116-117 (Jul-Dic. 1981), 73-78 (número dedicado a «La novela en español hoy»).

65.   Carlos Fuentes, *Cervantes o la crítica de la lectura* (México: Cuadernos de Joaquín Mortiz, 1976).

66.   Carlos Fuentes, «La experiencia de los novelistas,» *Revista Iberoamericana,* XLVII, 116-117 (Jul-Dic. 1981), 312.

67.   Morrissette, art. cit., 254 y sgtes.

68.   Fuentes, «La experiencia de los novelistas,» 313.

69.   Roberto González Echevarría, en «*La muerte de Artemio Cruz* y Unamuno una fuente de Fuentes,» *Cuadernos Americanos,* 177 (1971), 197-207, defiende la in-

fluencia de Don Miguel en *La muerte de Artemio Cruz* y otras obras fuentianas, sobre todo partiendo de la novela *Nada menos que todo un hombre,* y citando además, *Niebla, Abel Sánchez* y *San Manuel Bueno, Mártir.* Las principales influencias, directas o por fuentes comunes que encuentra son: el «protagonista como prototipo del hombre nietzscheano,» / una «dialéctica nietzscheana,» / una visión cíclica de la historia tal vez proveniente también de Nietzsche, el recurso unamuniano del doble,... Manuel Maldonado Denís, en una reseña sobre las novelas de Fuentes *La región más transparente, Las buenas conciencias* y *La muerte de A. C.,* en *Asomante,* 19, 4 (octubre-diciembre 1963), 69-73, observa la «agonía» de las novelas de Fuentes «en el sentido unamuniano de 'lucha', de 'angustia' perpetua ante uno mismo y frente al mundo» (p. 70).

CAPITULO I

LOS EPIGRAFES Y EL TITULO

> *La totalidad dialéctica comprende la crea-*
> *ción del conjunto y de la unidad, de las*
> *contradicciones y su génesis. Sólo por la*
> *interacción de las partes se elabora la tota-*
> *lidad.*
>
> Karel Kosic,
> *Dialéctica de lo concreto*

Con este epígrafe encabeza Carlos Fuentes su estudio *Cervantes y la crítica de la lectura*, y creemos que podría también ser válido para el nuestro sobre *La muerte de Artemio Cruz*. Es Wayne C. Booth quien hace una llamada a la paradoja entre la desaparición de la voz autorial del texto narrativo moderno y su creciente presencia en epígrafes y título: «it is interesting to note how much more importance titles and epigraphs take on in modern works, where they are often the only explicit commentary the reader is given.»[1]

La utilización de epígrafes se halla bastante generalizada en la obra novelística, teatral, crítica o ensayística de Fuentes. Se encuentran escritos en castellano, francés o inglés, viniendo a ser la extensión, número y forma de presentación de las unidades de ese «pre-texto» relativamente variados. Sin tratar de ser exhaustivos, hacemos notar que en ciertas obras, como *La región más transparente* o *Los días enmascarados*, el epígrafe no existe; en otras—*Cambio de piel*—parecen hallarse integrados totalmente en el texto, formando parte del material que el narrador maneja; en las que el epígrafe antecede al texto, tenemos obras con uno solo, o bien breve— *Cumpleaños, La cabeza de la hidra, Cantar de ciegos*, «un alma pura»—o algo más largo—*Aura, Cervantes o la crítica de la lectura, El tuerto es rey*—; otras

29

obras tienen dos—*Las buenas conciencias*—o tres—*Terra nostra*. En cualquier caso, vienen a ser una especie de micro-obra en que la totalidad del trabajo aparece concentrado. En el caso de *La muerte de Artemio Cruz*, objeto de nuestro estudio, se elevan el número—cinco—y la procedencia—dos franceses, uno español y dos mexicanos. Esa variedad de los epígrafes anticipa ya la diversidad y 'contradicciones' del texto—y de su 'génesis'—que 'dialécticamente' se resuelve en la 'unidad' del 'conjunto' mediante la 'interacción de las partes' en una 'totalidad'.

A pesar de su aparente caos, existe en *La muerte de Artemio Cruz* un ordenamiento artístico intencionado, como han observado, entre otros, Mario Benedetti, René Jara y Nelson Osorio.[2] No se trata de un conglomerado de hechos y pensamientos colocados más o menos al azar, cual defienden ciertos críticos tradicionales.[3] En este sentido sigue nuestra novela una corriente vanguardista moderna, pues, cual observa Bruce Morrissette, «Out of post-modern fiction behind a deceptive façade of rupture, chaos and nonstructure, authors of contemporary novels and films are inventing new systems of coherency.»[4] Para alcanzar dicho ordenamiento se sirve el autor de técnicas e ideas que se hallan sutilmente predibujadas en el título y los epígrafes—más tarde observaremos que también en el nombre y la dedicatoria—antes de llegar al «texto» de la ficción; de forma que con ambos «pre-textos» (título y epígrafes) Fuentes introduce y justifica aquél (el «texto»).[5]

Los epígrafes funcionan como una especie de tabla generativa de organización de las estructuras ficticias y temáticas. Son lo que Morrissette llama generadores «situacionales.»[6] Mientras los temas son materiales para ser estructurados y no estructuras, «fictional structures... relate to, while going far beyond, such traditional structuring procedures as patterns of chronology, modes of view point, intercalated narration,»[7] mecanismos estructurales todos ellos que examinaremos en nuestro estudio. Tomando como punto de partida intertextualidades diáfanamente descubiertas, se nos muestra, sí, en los epígrafes, más o menos solapadamente, la naturaleza fantástica de la obra narrativa como «heterocosmos» lingüístico distinto de la realidad empírica.

El segundo elemento «pre-textual», cuyo análisis generativo realizamos, el título, se halla en un puente entre los generadores lingüísticos y situacionales, pues, por una parte, como los epígrafes, e incluso el nombre, genera estructuras temáticas y de ficción, y por otra, como ocurre especialmente con el nombre, hemos de acudir a métodos generativos lingüísticos —silábicos y fonéticos en este caso—para conquistar la comprensión de la obra.[8] Nuestro análisis generativo del título también apunta en parte a su función de verosimilitud citada por Leo H. Hoek:

> La pretendue verité du titre sert à rendre le texte crédible. La fonction du titre sera donc non seulement de référer au texte qu'il résigne, mais aussi de l'annoncer avec un certain effect, en privilégiant un élement (protagoniste, temps, lieu, etc.) pour le rendre plus crédible.[9]

Sin embargo, no queremos centrarnos en uno solo de estos elementos sino buscar su pluralidad. Nuestro acercamiento poco tiene que ver con la tradicional búsqueda de su «sentido» programador *a priori* de la lectura del texto, puesto que este texto a su vez, recíprocamente, amplía e incluso niega *a posteriori,* simple, irónica o paródicamente, ciertos aspectos semánticos de ese título. En fin, hacemos del título no una frase pasiva dejada por el autor, sino un activo sistema productor de anagramas o criptogramas, que no sólo generan aspectos semánticos del texto, sino también estructurales y técnicos. Se transforma así—lo mismo que los epígrafes—en rico comentario autoconsciente que nos recuerda la ficcionalidad de la obra, al mostrarnos las propiedades narrativas y lingüísticas del texto en aquel «narcisismo encubierto» que mencionábamos en la Introducción. Además, en refuerzo de tal autoconsciencia, cual puntualiza Steven G. Kellman,

> though a story pretends to be 'une tranche de vie,' the magazine convention of printing its title on every other page reminds us that this is just fiction; life, even for the idle rich, carries no titles. If ever we are tempted to lose ourselves in the byways of a simulated world, the title is our demystifying talisman to bring us back alive.[10]

A pesar de que *La muerte de Artemio Cruz* rehusa esa convención de imprimir el título en páginas alternas, consideramos válido para nuestra obra el comentario de Kellman, puesto que la ausencia de la convención hace desfamiliarizantemente presente el título.

El autor nos presenta en primer lugar el tema central en el epígrafe inicial y principio del título—«La préméditation de la mort...,» *La muerte*—; luego, nos enfrentamos al protagonista y su actuación—«Hombre...,» *dé Artemio*—; en el tercer epígrafe se nos confronta con el problema de la comunicación lingüística y la dificultad de expresarse a sí mismo—«moi seul, je sais ce que j'aurais pu faire... Pour les autres, je ne suis tout au plus qu'un *peut-être*»—, problema solucionado mediante la diversidad temporal y de punto de vista de un arte propio—*Arte-mío*—que se explica en el cuatro epígrafe—«...de mí y de El y de nosotros tres ¡siempre tres!...»—, para llegar a un fin en que lo paradójico, el cruce y sufrimiento en el tema desarrollado se nos presenta completamente al desnudo en la última palabra del título—*Cruz*—y en la forma quiásmica y el contenido del epígrafe final—«No vale nada la vida, la vida no vale nada.» Mediante epígrafes y título Carlos Fuentes nos telegrafía, pues, el tratamiento artístico y temático, sirviendo aquéllos como introducción comprensiva y comprehensiva y justificación a la obra y a su técnica.

Examinemos, pues, más de cerca estos «pre-textos» en sí mismos y en relación con el «texto», deteniéndonos también para destacar algunas intertextualidades que «pre-textos» y «texto» nos sugieran.

1. *Montaigne: el tema central*

Citando los *Ensayos* de Montaigne, dice el primer epígrafe: «La préméditation de la mort est préméditation de liberté.»[11] Así se nos presenta ya el motivo temático central y se nos ofrece un posible punto de partida: Michel Eyquem de Montaigne. Efectivamente, no sólo descubrimos entre los trabajos del ensayista francés tres en que se refiere directamente a la muerte,[12] sino frases e ideas de su obra que parecen generar y prefigurar, como el epígrafe antedicho, el «texto» artemiano en ese momento anterior a la muerte que nos es transmitido a través del narrador en primera persona y que es el único día de la vida de Artemio en que no existe opción:[13]

> Voylà pourquoy se doivent à ce *dernier traict* toucher et es-
> prouver toutes les autres actions de nostre vie. C'est le *maistre*
> *jour*, c'est le *jour juge de tous les autres*: c'est le jour, dict un
> ancien, qui doit *juger* de toutes *mes années passées*.[14] (subra-
> yado nuestro)

Ciertamente en ese día, el último de la vida de Artemio Cruz a que asistimos, se juzgan todos los otros.

Pero no son sólo la historia y el tema los que parecen en parte originarse en el texto montaigniano, sino que incluso aparenta ser Montaigne quien marca la pauta de escritura (o re-escritura) que Fuentes toma como «costumbre» propia, en especial si pensamos en sus dos novelas aparecidas en el año 1962, *Aura* y *La muerte de Artemio Cruz*:

> aussi ay-je pris en *costume* d'avoir, non suelement en *l'imagi-nation*, mais continuellement la mort en la bouche [o en la pluma]; et n'est rien dequoy *je m'informe* si volontiers, que de la *mort des hommes*: quelle *parole* quel *visage*, quelle *contenance* ils y ont eu; ny endroit des *histoires*, que je remarque si attantifvement.[15] (subrayado nuestro)

Huelga todo comentario, puesto que para cualquier mediano conocedor de *La muerte de Artemio Cruz*, el anterior texto y sus subrayados valen por más de mil palabras.

Pero no acentuemos más de la cuenta las identidades por que no se piense que Carlos Fuentes cae en el vicio del plagio. Al contrario, nuestro autor re-escribe, «asimila las influencias» y les da un sello artístico de acuerdo a su genio, a su medio y a su época.

El tema de la muerte inevitablemente ha de traer de la mano su oposición binaria, el nacimiento; y con él, la vida. Se trata de un lugar común en la literatura, que también encontramos en Montaigne: «Le premier jour de vostre naissance vous achemine à mourir comme à vivre;»[16] y aún clarifica con dos autoridades latinas que le respalden: «Prima, quae vitam dedit, hora carpsit. / Nascentes morimur, finisque ab origine pendet.»[17] No creemos que tuviera nada que oponer Artemio a la cita francesa o al último de los dos versos latinos, puesto que, como veremos, el fin de Artemio depende de su origen y ciertamente nuestro narrador-protagonista considera el nacimiento no sólo como el comienzo material del vivir sino del morir. Pero en cuanto al verso de Séneca existe discrepancia, ya que, según mostraremos, la vida de Artemio no comienza exactamente en su primera hora, sino mucho antes; en su padre Atanasio y en su madre Isabel Cruz Cruz Isabel, en sus abuelos Ireneo y Ludivinia, remontándose incluso a los tiempos de la conquista española y de las teogonías indígenas. No quedan ahí las diferencias; a medida que avanzamos en la lectura de Montaigne y de Fuentes, las discrepancias eclipsan a las similitudes. En la vida de Artemio Cruz «tous les jours vont à la mort, le dernier y arrive;»[18] pero ya antes Montaigne había dicho: «vous estes après la mort quand vous n'estes plus en vie.»[19] A lo que se refiere Montaigne es a la vida eterna después de la muerte, puesto que «la mort est origine d'une autre vie.»[20] «Nuestras vidas son los ríos / que van a dar en la mar, / qu'es el morir,» que diría Jorge Manrique.[21] Nos hallamos ante la vieja escuela del buen morir:

> Cicero dit que Philosopher ce n'est autre chose que s'aprester à
> la mort... ou bien, c'est que toute la sagesse et discours du
> monde se resoult en fin à ce point, de nous apprendre à ne
> craindre point à mourir.[22]

La tradición del pensamiento sobre la muerte es demasiado múltiple y compleja para examinarla con detenimiento. Recordemos simplemente que a menudo se han puesto en tela de juicio aquellas ideas cristianas; buen exponente de ello son los tempranos versos castellanos de enfoque más humano que religioso del Arcipreste de Hita:

> ¡Ay muerte!, ¡muerta seas, muerta e malandante!
> Mataste a mi vieja, ¡matasses a mi ante!
> Enemiga del mundo, que non as semejante
> de tu memoria amarga non es que non se espante.[23]

Un gran salto es pasar de la heterodoxia de Juan Ruiz a la de Rojas. Precisamente en *La Celestina* hallamos pasajes sobre la filosofía de la muerte de evidente similitud con el pensar de Artemio: la muerte se halla allí y aquí omnipresente; y tanto los personajes de la celebérrima obra como Artemio así lo reconocen; de ahí que en ambos casos huyan de ella mediante una acción continua y desenfrenada: «No habemos de vivir para siempre. Gocemos y holguemos, que la vejez pocos la ven y de los que la ven ninguno murió de hambre.»[24] Éste semeja haber sido el parecer de Artemio, quien, además, a lo largo de su azarada vida ha seguido al pie de la letra aquel «Y como dicen, mueran y vivamos,»[25] de la *Tragicomedia*. Por ello el énfasis de Artemio y de Rojas no se halla en la desembocadura del río en el mar como en Jorge Manrique, sino en su curso: «Corren los días como agua del río. No hay cosa tan ligera para huir como la vida. La muerte nos sigue y rodea,...»[26] Ciertamente el río lleva a la vida y a la acción a los dos, por algún tiempo, co-protagonistas, Artemio y Lorenzo: «Cruzamos el río a caballo.» Cuando el último cruza el mar llega a la desembocadura, a la muerte.

Artemio se aferra a la vida, porque ve que la muerte es el término último de *las cosas*, el final a que «van los señoríos derechos a se acabar y consumir»[27] —por sus herederos—: «Mors ultima linea rerum est.»[28] Con todo, a pesar del patético final del llanto de Pleberio, lo que hay después de la muerte en *La Celestina* no es un vacío. Faltan siglos aún para que florezca el existencialismo.[29] Y más tiempo aún para que Antonio Machado prover-bialice en intertextualidad múltiple con lo antedicho y en contacto también con la obra de Fuentes:

> Todo pasa y todo queda;
> pero lo nuestro es pasar,
> pasar haciendo caminos
> caminos sobre la mar.[30]

Lorenzo dejó una de esas estelas sobre la mar y lo mismo hará Artemio... en su herencia.

La circunstancia que en este momento presente el protagonista de *La muerte de Artemio Cruz* vive a la puerta de la muerte puede ser, como en el nacimiento, el principio de un nuevo ciclo mítico de elecciones.[31] Pero esa «libertad» a que se alude en el epígrafe posee signos contradictorios que vamos observando a lo largo de la obra, y de cuya paradoja sólo somos totalmente conscientes al final del texto, aunque antes se nos anuncie, como veremos, en el último «pre-texto». Esa «liberté» es causa de temor para Artemio (Ar-temió), quien a pesar de haberse enfrentado tantas veces a la muerte, prefiere, en lugar de pensar en ella, soslayarla, actuando físicamente, como ocurrió en el pasado, o mentalmente, como ahora ocurre, refugiándose en el recuerdo; de esa forma se opone en ambos casos al consejo de Montaigne de «non d'eschapper à la mort, mais de l'essayer.»[32] Artemio trata de seguir un camino trazado ya por Borges; Artemio, narrador-protagonista, realiza lo que Fuentes bien sabe de Borges: «Entonces escribe una segunda historia como todos los personajes de Borges en «*La* segunda muerte» y en «*Tadeo Isidoro [Artemio] Cruz*» que tienen siempre la segunda oportunidad, el segundo momento de sus días aunque sólo se engañen y el segundo momento haya pasado y haya sido el primero, pero ellos [como Artemio] siguen esperando el mismo momento.»[33] No creemos que sea casual la analogía de los títulos de los relatos borgianos al de nuestra obra. Lanin A. Gyurko relaciona este «futile attempt to conquer time and death» al motivo de la flor del convólvulo, uno de los dos «leitmotivs» más importantes para el anterior crítico en la obra: «Desperately, heroically struggling to raise up barriers against death, to obtain terrestrial immortality, Cruz recalls—and identifies with—the image of the flower that comes to life in darkness.»[34]

Artemio tampoco cree en los principios que «la voz de Laura» le susurra en el recuerdo: Laura «dice que no pudiendo curar la muerte, la miseria, la ignorancia, haríamos bien, para ser felices, en no pensar en ellos» (249), con lo que pasa a engrosar las filas de los que Montaigne llamaría «vulgares»; puesto que, «Le but de nostre carriere, c'est la mort, c'est l'object necessaire de nostre visée: si elle nous effraye, comme est il possible d'aller un pas avant, sans fiebvre? Le remede du vulgaire, c'est de n'y penser pas.»[35] Laura «dice que sólo la muerte súbita es de temerse» (249); Artemio, en cambio, está temiendo su muerte lenta, con lo que parece seguir el juicio del ensayista francés: «Si c'est une mort courte et violente, nous n'avons pas loisir de la craindre; si elle est autre, je m'aperçois qu'à mesure que je m'engage dans la maladie, j'entre naturelement en quelque desdein de la vie.»[36] Asistimos a este proceso de desdeño a la vida a medida que Artemio avanza en su penosa agonía. Si por una parte desea la vida, lo que se refleja en ese continuo ansia de Artemio por abrir las ventanas, por otro lado se halla cada vez más hastiado del dolor y podredumbre de su propio cuerpo. Artemio, que se expuso de continuo a la muerte violenta, ha de morir en la cama, encerrado; no al aire libre y en la lucha, como su hijo Lorenzo quien obtuvo la suerte de muerte deseada por Montaigne: «Je trouve que j'ay bien plus affaire à digerer cette resolution de mourir quand je suis en santé, que quand je suis en fievre.»[37] Laura «dice sé hombre [Artemio ya casi ha dejado de serlo y por eso se refugia en el recuerdo], teme a la muerte fuera del peligro, no en el peligro...» (249), pero en el lento peligro actual la teme Artemio, puesto que, indefenso, la siente presente, y «à chaque minute il me semble que je m'eschape,»[38] que diría Montaigne, llevando a la sensación de acercarse más y más al fin. Los peligros pasados fueron, en cambio, escogidos libremente, pues sucedieron sin el constreñimiento y anulación de su capacidad de actuación, por lo cual no había sentido la impresión de ese acercamiento hacia la muerte: «De vray, les hazards et dangiers nous approchent peu ou rien de nostre fin.»[39] Laura «dice que la premeditación de la muerte es premeditación de libertad...» (249), repitiendo aquel primer epígrafe, que en Montaigne aparece inscrito dentro de un grupo de máximas; todo lo cual, en cierta forma, nos sirve de resumen del antedicho pensamiento montaigniano sobre la muerte, que Fuentes re-crea en su obra:

Il est incertain où la mort nous attende, attendons la partout.
La premeditation de la mort est premeditation de la liberté.
Qui a apris à mourir, il a disapris à servir. Le sçavoir mourir nous afranchit de toute subjection et contrainte. Il n'y a rien

de mal en la vie pour celuy qui a bien comprins que la privation de la vie n'est pas mal.[40]

En cierto sentido el epígrafe primero nos ofrece una dimensión irónica de la ideología de Artemio, quien ve en su muerte y en el preludio actual de ella el término de sus elecciones y su libertad. Se puede decir así que *La muerte de Artemio Cruz* es el título de la obra en que se nos narra «la agonía de Artemio Cruz». Pero eso no quiere decir que el título sea inapropiado; al contrario, lo importante, el tema central de la obra, no es la agonía, sino la muerte. Aplicando a nuestra novela palabras, de nuevo, de Montaigne, podríamos decir que en el proceso de su lectura, «il n'est lieu d'où elle ne nous vienne; nous pouvons tourner sans cesse la teste çà et là comme en pays suspect: 'quœ quasi saxum Tantalo semper impendet'.»[41] No sólo se halla la muerte omnipresente siempre en la obra, sino que se sale del texto mismo, para consumarse, esperamos, en el propio protagonista; de forma que la novela se continúa fuera del texto mismo, lo que es un fenómeno corriente de la ficción contemporánea y en especial de la iberoamericana. Para Artemio la muerte comienza en su premonición, se va conquistando paulatinamente a medida que avanza el «sujet» o texto en orden de presentación, llegando casi a alcanzarse al final de la obra con la muerte del Tú y del El. No obstante, la consumación total del ciclo vital se escapa del texto, hacia el futuro: «moriré,» termina el ejercicio novelístico de Fuentes.

El primer epígrafe nos sugiere desde dentro de la obra misma que este hecho central hacia el que camina toda la novela es de libertad. En ello puede verse como hemos ya dicho, una dimensión irónica, puesto que Artemio ha de refugiarse en un pasado libre para evitar el presente casi sin elección, que semeja prefigurar la ausencia de ésta en la muerte total, de forma paralela al prenacimiento. Era el nacimiento una puerta a la etapa de elecciones que parece truncarse en la muerte. Pero, ¿no podría ser también la muerte un principio de libertad, como sugiere el epígrafe, las frases de Laura, el idealismo sin premio de Gonzalo y Lorenzo, las trágicas muertes del Yaquí o Regina? El narrador omnisciente en su múltiple personalidad nos ofrece una perspectiva de tintes equívocos y oscuros, puesto que exiten otras opiniones sugeridas por otros personajes. El sabor final aparenta ser pesimista al estar determinado por la acción, la palabra, el pensamiento del narrador-protagonista. Pero Fuentes consigue el gran acierto de ese fin abierto: cada lector puede re-crear su propia novela *La muerte de Artemio Cruz*. Para Artemio la muerte no parece ser libertad, pues él ha sido árbitro y elector de su propia vida, todo lo cual se acaba ahora para él, aunque deje sus efectos en México. Artemio es el héroe moderno que ha sido dueño de su propio destino: *Arte-mío*. Para Laura—producto anacrónico de una filosofía trasnochada, calderoniana, en que caben la ignorancia buscada a los problemas vitales, el miedo a una muerte súbita o la angustia derivada de lo absurdo de esta existencia—la libertad que no ha conocido empieza con la muerte, como una puerta abierta al más allá, fin de este mundo absurdo, sin explicación y preñado de interrogantes sin respuesta. Por esa razón, en contraposición a la filosofía del protagonista, ella continúa preguntándose sobre la actuación de Artemio: «¿A qué los tesoros, vasallos, sirvientes?» (249). Se hace así una llamada al tema del «carpe diem» de tradición medieval y barroca, y tan caro a Calderón, quien es el autor del segundo epígrafe.

2. *Calderón: El protagonista y su actuación;*
la estructura circular

Hombres que salís al suelo
por una cuna de hielo
y por un sepulcro entráis
ved cómo representáis...(7)

Asistimos a una llamada al problema de la búsqueda del sentido de la representación y actuación del Hombre (Artemio) en la tierra, resuelta por éste precisamente en la busca y adquisición de «Tesoros, vasallos, sirvientes,» puesto que como el mismo Artemio del presente nos dice, «mi único amor ha sido la posesión de las cosas, su propiedad sensual» (139). Se nos introduce también en la estructura circular de la novela desde el nacimiento a la muerte, unidos en una identidad final que se repite en el «texto» en numerosas ocasiones: «tú serás ese niño que sale a la tierra, encuentra la tierra, sale de su origen, encuentra su destino, hoy que la muerte iguala el origen y el destino y entre los dos clava a pesar de todo, el filo de la libertad» (279). Es ésta la misma idea que subyace en *El gran teatro del mundo* de Calderón.[42]

Artemio Cruz, como al principio apuntamos, es una obra clásica de gusto moderno. Su valor clásico lo hallamos en la profundidad y universalidad ideológica que, partiendo de mitos y técnicas clásicos o indígenas, abarca lo mejor de la literatura y pensamiento paganos y cristianos. En este último aspecto es interesante la relación con los Autos Sacramentales calderonianos. Fuentes no cita en vano aquellos cuatro versos de *El gran teatro del mundo.* «Cuna» y «sepulcro» son los dos polos que, en un círculo perfecto, unen el principio y el fin del ciclo vital en la «fábula,» u orden cronológico-casual, de ambas obras. En los dos casos topamos con una representación literaria de problemas humanos, si no idénticos, al menos muy semejantes. La diferencia se halla en el tratamiento y la solución. Cambiando solamente la primera palabra de la cita calderoniana, ofreceríamos una idea bastante exacta del trabajo de Fuentes: «Artemios que salís al suelo / por una cuna de hielo / y por un sepulcro entráis, / ved cómo representáis...» Artemio, usando de su libre albedrío, escoge la representación por el camino de la posesión de «tesoros, vasallos y sirvientes.» Pero el camino escogido no es tan fácil como Calderón hubiera podido pensar para el Rico de su auto sacramental; tiene sus abrojos y sus espinas ese camino, que Calderón llamaría de placer. La vía escogida es consciente por parte del autor y del protagonista, y por ello se nos ofrece el otro camino de la bifurcación—el que Artemio no escogió—en la vida y representación de su hijo Lorenzo, mártir y combatiente valeroso en las filas republicanas de la guerra civil española. Tampoco es ésta una senda de rosas; tiene, como aquél, sus pros y sus contras, pero, en último término, no es un dintel a fama y gloria, como lo sería para Calderón, puesto que, en una u otra bifurcación, conducen a un mismo lugar paradójico: la muerte; sea ésta la «libertad» del primer epígrafe, o el puro nihilismo del último («No vale nada la vida, la vida no vale nada»). De esa forma, con gusto moderno, Artemio justifica su propia representación.

Por otra parte, ¿quién ha cuidado más de la técnica y de la teoría literaria que el Calderón de los autos?[43] ¿Es que la atemporalidad y simbolismo no son características claves del teatro sacramental calderoniano? Y de *Artemio Cruz*, en efecto, como más adelante veremos. La técnica empleada por Carlos Fuentes tiene sus deudas; pero nuestro autor hace de *La muerte de Artemio Cruz* una obra renovada, radicalmente nueva. La belleza de esa novedad técnica y estructural es, en parte, lo que hace de ella sujeto estético y objeto artístico, digno de entrar a formar parte, no sólo de la historia de la literatura, sino de la mismísima literatura, pues mediante un caotismo aparente, expresión de la condición caótica de la realidad, trasciende y supera ésta gracias a una cuidadosa ordenación arítística, expresión de una realidad nueva e inédita. *El gran teatro del mundo* y esta novela de Carlos Fuentes difieren, pues, de acuerdo con el contexto social, artístico e ideológico en que se mueven ambos autores y sus personajes. En los dos casos nos enfrentamos al mismo problema: el hombre. En la obra de Calderón se trata del Hombre con mayúsculas y del problema de su destino teológico-religioso; en la de Fuentes se aplica más al mexicano, al hispanoamericano, pero también existe la universalización. ¿O es que el problema de la autenticidad es exclusivo de Hispanoamérica? ¿O es que la muerte, el caciquismo, la revolución, la corrupción y la venalidad no son hechos universales?

Calderón es además citado en el «texto»—Laura (precisamente Laura) lee un libro de Calderón y recita alguno de sus versos (216 y 249). Y es que existen además otros muchos vínculos de relación con el dramaturgo español: la representación de las tres facultades de la naturaleza humana y el proceso del conocimiento, con el papel que en él juegan las imágenes sensibles, las asociaciones de la imaginación y las abstracciones de la mente, constituyen motivos claves en el teatro calderoniano, desarrollados siguiendo las guías de la teología agustinianotomista.[44] Esos mismos problemas son de vital importancia en *La muerte de Artemio Cruz* donde el «Yo» percibe las imágenes sensibles, que desencadenan lo que Calderón llama «conceptos imaginados» de la imaginación del «Tú», lo cual lleva directamente a las memorias de «El». Es decir, en *La muerte de Artemio Cruz* los conceptos sensibles asociados por la imaginación (el YO) hacen funcionar el entendimiento quien a su vez determina la acción de la voluntad (el TU) en busca de la vida de la memoria (el EL). Para Calderón, como para San Agustín, la vida sólo tiene sentido en su fin, en cuyo momento ya solamente es memoria. Para Artemio Cruz también vida es sinónimo de memoria: y de ahí la extensión dedicada a ella en las largas secciones narrativas en tercera persona; «sobrevivirás ... antes que el caos te impida recordar» (63), se dice en la narración en segunda: donde «caos» se refiere a muerte y «recordar» a memoria y vida. Como ocurre en *El gran teatro del mundo*—cuando a Rey, Rico, Labrador y Hermosura les es anunciado por Voz que su representación está concluyendo—Artemio se aferra a la vida en la memoria, y, se vaya o no desnudo, se resalta que su «herencia» queda en México. Así, Artemio, personaje del siglo XX, nos ofrece un sentido de su vida muy diferente del calderoniano, al ser él y al hacer al lector consciente de la herencia que nos lega: el famoso testamento que con tanto ahinco buscan Teresa y Catalina, es decir, unos cuantos nombres muertos, incluido el suyo—«Artemio Cruz ... *nombre* ...» (316)—y un mundo de corrupción.

Citamos ya la importancia del motivo del «Carpe diem,» en unas palabras de Laura. Este motivo se repite en el episodio «1947: Septiembre 11,» en que se nos narran los recuerdos de las primeras relaciones entre Artemio y Lilia, y en los que Artemio, acosado por señales de decrepitud, se interroga sobre lo efímero del cuerpo humano debido a lo que él llama «el cáncer del tiempo» (154).

También el concepto y la forma en que Calderón y Artemio miran al amor, están relacionados, aunque sean totalmente diferentes. Ambos coinciden en la imposibilidad de redención por el amor. Artemio conoce el amor, pero por fatalidad en el caso de Regina, por circunstancias sociales o por su propia cobardía en el de Laura, ese amor no le salva; se aleja de él. Para Calderón el amor humano es negativo; es visto como desorden, por lo que el triunfo final se halla en su renuncia;[45] la redención sólo puede alcanzarse en el amor a Dios. Tampoco es posible para Artemio, personaje del siglo posterior a la muerte de Dios, buscar redención divina. O quizás sí; tal vez la redención sí que se halla en Dios, pero se trata del nuevo Dios, del Hombre, de Artemio mismo: «...eso sí es mío. Eso sí es ser Dios, ¿eh?, ser temido y odiado y lo que sea, eso sí es ser Dios, de verdad ...» (244).

Existen otras intertextualidades calderonianas en las ideas de ambos sobre el «caos» y el «orden» y otros sistemas de oposiciones típicamente barrocas en que se insiste a la vez en la disparidad y la identidad. En el «Auto Sacramental» *La vida es sueño*, «caos» es sinónimo de muerte, confusión, odio, no-ser, tinieblas; «orden» lo es de vida, amor, ser, luz... Dios crea cualidades «unas» y «varias» que equilibran y dividen a los Elementos y Hombres; los hace «amigos» y «enemigos,» «conformes» y «opuestos.» Oigamos a Artemio Cruz por su parte: «tu *valor* será gemelo de tu *cobardía*, tu *odio* habrá nacido de tu *amor*, toda tu *vida* habrá contenido y prometido tu *muerte*: que no habrás sido *bueno* ni *malo, generoso* ni *egoísta, entero* ni *traidor* (33-34) (subrayado nuestro).

Cerca de los últimos momentos de su vida, Artemio compara poéticamente las primeras luces captadas al salir del vientre materno con la postreras de los focos del quirófano, donde quirúrgicamente lo están interviniendo (308-314). La primera es luz natural y en presencia de Lunero (es evidente el simbolismo del nombre). El último resplandor es de signo distinto y enfatiza lo inauténtico de una luz artificial y de unas personas, los doctores, a sueldo. Con ello parece realizarse un juicio de valor sobre el fracaso de la vida de Artemio, como un viaje de la autenticidad desinteresada de la pobreza a la artificialidad pagada de la riqueza. Casi se sugiere un juicio moral, al estilo, por ejemplo, de la muerte del Rico y el Pobre en *El gran teatro del mundo*.

Apuntemos por último que, en intertextualidad directa con *El gran teatro del mundo*, también hallamos referencias en *Artemio Cruz* a la «desnudez» del Hombre—Artemio—en el principio y fin de ese viaje circular de la vida entre nacimiento y muerte:

> quizás recordarás que naciste sin líneas de vida o fortuna, de
> vida o de amor: naciste, nacerás con la palma lisa, pero bastará
> que nazcas para que, a las pocas horas, esa superficie en blan-
> co se llene de signos, de rayas, de anuncios: morirás con tus lí-
> neas densas, agotadas, pero bastará que mueras para que, a las
> pocas horas, toda huella de destino haya desaparecido de tus
> manos (62).

Evidentemente la sensibilidad y sentido de ambos autores es muy diferente:
en *La muerte de Artemio Cruz* vemos un canto desesperado a «esta» terrenal vida—la de Artemio y la de México—con su nacimiento, vida y muerte,
mientras que *El gran teatro del mundo* es un canto glorioso , con nacimiento, vida y muerte, a la «otra» vida, la celestial.

Se pone, pues, de relieve en el segundo epígrafe la acción de la novela
en su representación circular, es decir, el «dar» de Artemio que nos viene
sugerido por la tercera palabra del título, si le añadimos una tilde (*dé*); *La
muerte dé Artemio Cruz*, es decir, que lo que su muerte nos da y deja es Artemio Cruz, su herencia y su «nombre que sólo tiene once letras y puede es-
cribirse de mil maneras» (118); nos da su temor (*Ar-temió*); nos da también
su arte (*Arte-mío*) paradójico (*Cruz*), nos da a Artemio que es Cruz, o sea,
contradicción, sufrimiento y carga.

3. *Stendhal: el problema de la comunicación lingüística*

Mediante el primer epígrafe centra Fuentes el tema. Utiliza el segundo
como medio de presentación de un protagonista actuante y lleno de contradicciones, a la vez que establece la base de la estructura circular, muerte-na-
cimiento-muerte, de la novela. En el tercero de Stendhal comienza a subra-
yar la importancia de la técnica: «Moi seul, je sais ce que j'aurais pu faire...
Pour les autres, je ne suis tout au plus qu'un *peut-être*» (7). Aunque sin la
pretensión de analizar a fondo las intertextualidades stendhalianas en *La
muerte de Artemio Cruz*, no podemos dejar pasar por alto la importancia
del novelista francés, sobre todo a través de *Le Rouge et le Noir*, la obra
que se cita en el tercer epígrafe. Estas influencias no sólo se refieren a la técnica, como apuntamos a partir del epígrafe, sino a las mismas situaciones y
caracterización de los personajes. La trama de ambas novelas se encuadra

en un momento político de cierta similitud; en el caso de *Le Rouge et le Noir* la acción se desarrolla en los estertores de la Revolución francesa y una vez caído el gobierno absoluto napoleónico. También en *Artemio Cruz* hay continuas llamadas a la vitalicia revolución y las alternantes dictaduras mexicanas. El protagonista de ambas novelas es un ser nacido en medios adversos tanto afectiva como social y económicamente. A Julien Sorel se le muere su madre cuando aún es un niño, y vive con un padre y unos hermanos a quienes odia; su instrucción se limita a las lecciones de latín de un cura y a la lectura de un libro sobre la vida de Napoleón que le ha sido entregado por un viejo soldado. La madre de Artemio Cruz es asesinada por el propio padre de éste, Atanasio, quien a su vez muere poco después, lo que evita que dé también muerte a su propio hijo Artemio. Éste es educado en el escalafón inferior de la sociedad mexicana por su tío y viejo amigo Lunero y por el padre Sebastián. A partir de ese principio adverso ambos protagonistas tratan de abrirse paso en los estratos superiores de la clase social. En palabras de Martin Turnell, *Le Rouge et le Noir* «is the story of a parvenu who succeeds in penetrating the 'walls' which protect the privileged and in attaching himself to a class to which he does not belong.»[46] Pero mientras Julien cae desde lo alto de la escalera social cuando ha remontado cada uno de los peldaños mediante su ingenio y esfuerzo a los que se unen las inestimables ayudas de sus protectores eclesiásticos o civiles, Artemio consigue mantenerse en la cúspide únicamente con la acción propia, desplazando a los que allí se hallaban, si necesario fuere. Ello es resultado de la distinta actitud al acercarse y asaltar la escala social por parte de ambos protagonistas. Julien es hasta cierto punto, y a pesar de su largo y frío razonar que lo asimila a Artemio, el prototipo del héroe romántico en lucha contra una sociedad que ha vendido su integridad. Artemio, por el contrario, vende su integridad para atraer los favores de esa sociedad, constituyéndose con ello en una especie de antihéroe de acuerdo a los cánones tradicionales. La culpa del fracaso de Julien es de la sociedad, no de él; la del éxito de Artemio es de él, no de la sociedad. Artemio no se refugia en un seminario, en una prisión, o en una biblioteca como Julien; tampoco en unos libros de caballería cual D. Quijote, sino en la acción pura. Julien es el héroe trágico en lucha con algún poder exterior que amenaza dominarlo; ese poder que en la tragedia clásica se identificaba con el destino, es en la obra de Stendhal la sociedad injusta y, a través de intertextualidades más modernas cual el teatro de Ibsen bajo el impacto del naturalismo, será en Artemio Cruz, como veremos, el resultado de una herencia tanto histórica como genética; es Grahame C. Jones quien dice: «dans le théâtre d'Ibsen, la force extérieure peut être même les lois de l'hérédité qui interviennent pour dominer les actions du personnage.»[47] Ambos protagonistas se hallan condenados a muerte, pero mientras Artemio no tiene elección, Julien en realidad se suicida; en palabras de Victor Brombert, «the last thing he wants is to be acquitted or to escape or to return to the world of action after a term of imprisonment.»[48] Artemio, en cambio, trata de escapar mediante el único medio a su alcanca: su mente.

Podríamos establecer otras múltiples relaciones situacionales entre ambas obras, sobre todo si nos paráramos a examinar los dos amores de Julien, Mme. de Rênal y Mathilde, quienes en muchas ocasiones nos recuerdan a Regina-Laura y a Catalina. El primero de los idilios del joven Sorel es un amor apasionado como en el caso de Laura y, sobre todo, de Regina, frente a lo cerebral del segundo y las luchas interiores de Mathilde que nos recuerdan las relaciones Artemio-Catalina.

A pesar de todo ello pensamos que el epígrafe de Stendhal tiene mayor importancia en un acercamiento técnico. Hemos de hacer notar que el «punto de vista» de *Le Rouge et le Noir* sugiere una perspectiva móvil observada con luz autobiográfica,[49] de igual forma que ocurre en *Artemio Cruz*. De cualquier manera la técnica del francés es más primaria y en ella se entretejen sin transición los puntos de vista de los personajes, con ios del autor, y con los monólogos interiores, sobre todo, del protagonista. Algo parecido ocurre en el tratamiento de tiempo e intertextualidades. En este último aspecto y de nuevo en palabras de Victor Brombert,

> *Le Rouge et le Noir* could be approached in terms of literary history, as a self-conscious product of a writer exploiting a literary tradition..., but whose combined and heterogeneous presence [de los escritores que combina], far from inhibiting the author, allows him to elaborate, in devious ways, his personal myth of energy, spirituality and freedom. The novel raises the problem of literary realism, in particular the relationship between a given historical-social situation and its artistic reflection and elaboration.[50]

Estas palabras pudieran haberse escrito para *La muerte de Artemio Cruz*; pero en este caso la técnica interfiere de una forma más sutil. Si bien en nuestra obra las intertextualidades son, como vamos mostrando, omnipresentes, se hallan más integradas y escamoteadas en el texto sin citarse las fuentes con la prodigalidad de *Le Rouge et le Noir*. Algo similar ocurre en cuanto a los epígrafes, pues en la obra stendhaliana citada anteceden casi a cada capítulo, interrumpiendo hasta cierto punto el texto; en *La muerte de Artemio Cruz*, por su parte, los epígrafes se nos presentan en un bloque «pre-textual,» que para nada dificulta o retarda la lectura y comprensión del «sujet» o texto en orden de presentación. En lo que se refiere al tiempo, en la novela francesa, en palabras de Turnell, «the characters live in a dream world entirely preocupied with what is going on inside their own minds... It is the striking of a clock which recalls the dreamer from the timeless world to the world of time and chance.»[51] En el caso de *La muerte de Artemio Cruz* sucede algo semejante, pero nos hallamos centrados únicamente en el mundo interior sin tiempo del protagonista, que va haciendo llamadas al mundo y tiempo exterior, que aparece filtrado a través de su medio mental acronológico. En este contexto, en ambos casos nos hallamos con el problema de la apariencia exterior frente al acontecer interno. En tal dialéctica se encuadra la preocupación de Julien Sorel que Fuentes toma como punto de partida del tratamiento técnico de su propio protagonista: «Moi seul, je sais ce que j'aurais pu faire... Pour les autres, je ne suis tout au plus qu'un PEUT-ÊTRE.»[52]

Sólo es posible conocer el propio yo desde dentro de nosotros mismos, y desde dentro observamos nuestras propias fuerzas en toda su complejidad, con todo el peso del pasado en nuestro actual presente. En palabras de A.A. Mendilow,

> We do not see ourselves as others see us. We are aware in ourselves of the whole pressure of the past on our present,... As regards others, however, we are mere spectators;... We know only the resultant of the forces that work in them as it expresses itself in outward behaviour.[53]

Somos, pues, respecto a los demás, meros espectadores; adivinamos sus motivos a través de sus acciones y comportamiento; no estamos seguros de su identidad; son ellos para nosotros un «peut-être.» Cambiando el punto de enfoque, llegamos al final del epígrafe: «Yo» a los ojos de los demás no soy más que eso, un «peut-être.» Así, con este epígrafe, Fuentes nos introduce en la importancia que para él tiene la técnica y nos ofrece un indicio claro del «punto de vista limitado» o «restringido» («restricted»), de que habla Mendilow, y en el que todo se presenta a través de la mente de un personaje (Artemio). Es ésta una técnica «realista,» en el sentido de que se corresponde con la realidad, más que cualquiera de las empleadas por los narradores de la llamada novela «realista»: el narrador, como cada uno de nosotros mismos, se conoce a sí mismo (como reza el epígrafe) desde dentro. En palabras de Calderón en el acto I de *Darlo todo o no dar nada*, «Yo, reino y rey de mismo, / habito solo conmigo / conmigo solo contento.» Los otros personajes de la obra, incluidos el TU y el ÉL, son juzgados por el narrador, y por nosotros, desde fuera, en sus acciones, en su carne y hueso. No podemos olvidar nunca este punto de vista «limitado»: lo que se nos dice en la novela está siempre filtrado a través del interés del narrador-protagonista. El escoge los episodios de su vida pasada que juzga oportunos; de igual forma, puede cambiar o interpretar a otros personajes desde su propia apreciación, «punto de vista» que en este caso sólo puede ser subjetivo.

4. *José Gorostiza: los espejos; diversificación del «punto de vista» y del tiempo*

Sin embargo, la técnica del «punto de vista»—del Yo-protagonista, Artemio—se ha de diversificar para abarcar toda la personalidad de Artemio y conquistar una dimensión espacio-temporal y psicológica total, que cubra pasado, presente y futuro, memoria, entendimiento y voluntad, «…de mí y de El y de nosotros tres ¡siempre tres! …» (7), que dice el cuarto epígrafe de José Gorostiza.

Artemio, Yo, moribundo, ha de salir, escaparse de sí mismo por propio interés, como protagonista hastiado de su estado y como narrador en busca de una mayor variedad expresiva. Sigue así los consejos que el mismo Gorostiza le ofrece en el texto poético de *Muerte sin fin*: «lleno de mí—ahito—me descubro / en la imagen atónita del agua.»[54] Esta imagen del reflejo en el agua forma parte de la metáfora de los espejos, dominante en la poesía de Gorostiza, quien así lo reconoce en el prólogo a su obra poética cuando nos dice: «la poesía es una especulación, un juego de espejos, en el que las palabras, puestas unas frente a otras, se reflejan unas en otras hasta lo infinito y se recomponen en un mundo de puras imágenes.»[55] Lo mismo ocurre con los personajes de ficción, puesto que éstos no dejan de ser meras palabras, y de ahí que ese «mí,» «ahito,» al descubrirse «en la imagen atónita del agua» puesta en movimiento, se rompe en el reflejo; pero no se quiebra en sí mismo, ya que

... en las zonas ínfimas del ojo
no ocurre nada, no, sólo esta luz . . .
única, riente claridad del alma.
Un disfrutar en corro de presencias,
de todos los pronombres—antes turbios
por la gruesa efusión de su egoísmo—
de mí y de El y de nosotros tres
¡siempre tres! . . .
Y sueña los pretéritos de moho,
la antigua rosa ausente
y el prometido fruto de mañana,
como un espejo del revés, opaco,
que al consultar la hondura de la imagen
le arranca otro espejo por respuesta.[56]

El paralelo con *La muerte de Artemio Cruz* es evidente. Artemio, es sólo
uno 'en las zonas ínfimas del ojo' donde 'nada ocurre' si no es la claridad
que le entra por los recién abiertos ojos. Y esa luz le devuelve la imagen de
su propio yo, Artemio—en 'corro de presencias de todos los pronombres,'
(Yo, Tú, El), 'de nosotros tres' —«reflejado en las incrustaciones de vidrio
de una bolsa de mujer» (9). Pero la triplicidad que nace del reflejo no sólo
es pronominal (de protagonistas) y narratológica (de formas narrativas)—
sin que olvidemos el 'juego de espejos' de las palabras y situaciones que se
repiten una y otra vez en nuestro texto novelístico, 'reflejándose unas en
otras' y 'recomponiéndose en un mundo de puras imágenes'—sino que
también es trinidad temporal, como nos apuntan el adverbio «siempre» de
Gorostiza y del epígrafe de Fuentes, y la continuación del poema del primero reflejada en el acontecer novelístico que el segundo infunde a su protagonista: Artemio frente a su triste presente, 'sueña los pretéritos de moho,
la antigua rosa ausente,' en los recuerdos transmitidos en las narraciones en
tercera persona, y 'el prometido fruto de mañana,' en la narración futurís-
tica de segunda. Pero no podemos olvidar que nos hallamos ante artificios
y técnicas de ficción; ésta es fingimiento, es un nuevo reflejo, «un espejo
del revés, opaco [en palabras de Gorostiza], / que al consultar la hondura
de la imagen / le arranca otro espejo por respuesta.»[57] Nuestra novela, según venimos viendo, por su misma naturaleza autoconsciente plasmada en
los pre-textos y en el texto, en las duplicaciones especulares, lingüísticas, de
eventos y de personajes, se auto-refleja a sí misma como metáfora no sólo
de su misma fragmentación formal, sino de la rota identidad de Artemio.[58]

La ficción, la escritura, la re-escritura es sólo forma, ilusión, ficción: «mas la forma en sí misma no se cumple / ... ¡Ilusión, nada más, gentil narcótico / que puebla de fantasmas los sentidos!»[59] Nos hemos limitado así a rastrear las intertextualidades gorosticianas que sugiere el cuarto epígrafe, pero mostraremos intermitentemente algunas otras del mismo poeta, antecedente inmediato, con Octavio Paz, de Carlos Fuentes.

Así pues, el campo de observación será más amplio con el empleo de tres tipos de narración, en primera, segunda y tercera persona, técnica que se anuncia en el cuarto epígrafe; «los tres» pueden abarcar problemas temporales y de personalidad de toda índole, que serían imposibles de encuadrar en un solo momento y con un solo narrador. Con ello Fuentes avanza, también en este caso, más lejos que sus modelos. Después de uno de los monólogos interiores de Julien Sorel en *Le Rouge et le Noir*, observa el narrador omnisciente con curiosidad y sorpresa dos seres diferentes en el protagonista: «Julien rit de bon coeur de cette saillie de son esprit. En vérité, l'homme a deux êtres en lui, pensa-t-il.»[60] Las perspectivas del protagonista de la obra francesa se nos ofrecen en dos formas diferentes: mediante un narrador omnisciente tradicional en tercera persona y con monólogos interiores en primera. Fuentes incluye un tercer punto de vista de su protagonista, en segunda persona, y, además, convierte el de tercera en un narrador no sólo no totalmente exterior sino en verdad el mismo protagonista; narrador-protagonista que sólo en apariencia formal y temporal es distinto.

Es necesario envolver toda la dimensión temporal («siempre») mediante tres formas diferentes que comprendan un tiempo único, el mental. Nos limitamos ahora a apuntar el tratamiento que Fuentes da a la novela sirviéndose, en primer lugar, de la técnica de un «punto de vista restringido» que, al menos aparentemente, se diversifica en tres narradores principales, y, en segundo término, del empleo de un solo tiempo, el «siempre,» el tiempo psicológico con la apariencia de una temporalidad física variada. Se trata pues, repetimos, de un narrador proteico que se pluraliza en pos de un objetivismo engañoso y de un tiempo mental singular, con apariencias de diversidad gramatical, semántica y durativa, como más adelante observaremos. Y como mostraremos al examinar el «punto de vista» y el tiempo con más detenimiento, con ambos artilugios técnicos, se pretende justificar hasta cierto punto a Artemio Cruz en su actuación.

5. *Un dicho popular mexicano romántico.*
   La vuelta a los orígenes:
   Quiasmo, cruz, paradoja y ambigüedad

Con el quinto epígrafe—«No vale nada la vida, la vida no vale nada» (7)—de origen popular, se torna circularmente, como en el texto, al primero de la muerte, en esa oposición y paradoja constante entre vida y muerte en su concepto y su valor: muerte-libertad y vida-sin-valor. No tenemos que repetir que estas contradicciones y paradojas se hallan también manifestadas en la última palabra del título, *Cruz*, o sea, entrecruzamiento y contradicción a la vez que carga y sacrificio. ¿La vida no vale nada porque el destino es la muerte vacía? ¿La vida no vale nada porque lo que sigue después de la muerte sólo tiene valores negativos o porque es lo que realmente vale? ¿Se materializará la esperanza de libertad del primer epígrafe en la conclusión del ciclo azteca y la vuelta de Quetzalcoatl, el dios creador bueno, como se sugerirá también al final de *Todos los gatos son pardos?* ¿La muerte engendrará vida de acuerdo con el rito indio? ¿O la herencia corrompida de «la chingada» o de la Malinche—como «Regina,» reina y esclava—, o la de Artemio Cruz, o la de los nefastos descendientes de los Moctezuma y Cortés nefastos del final de *Todos los gatos son pardos*, impedirán de nuevo el regreso del dios benefactor, de forma que México continúe en su orfandad, en *El laberinto de la soledad* que atestigua Octavio Paz?[61] ¿O nos hallaremos tal vez ante un canto a una «muerte sin fin de una destinada muerte,» protagonizada por otro «hijo de su misma muerte/ gestado en la aridez de sus escombros,» que apuntaría Gorostiza?[62] ¿O será quizás el morir de Artemio Machado?

> Morir... ¿Caer como gota
> de mar en el mar inmenso?
> ¿O ser lo que nunca he sido:
> uno, sin sombra y sin sueño,
> un solitario que avanza
> sin camino y sin espejo?[63]

La solución es ambigüedad, se deja abierta a cada lector. O puede que el resultado sea precisamente la falta de solución, lo absurdo y lo contradictorio, que constituyen la esencia misma de lo moderno, y de lo barroco hasta cierto punto, ambos claramente antipositivistas, lo mismo que el romanticismo en que halla su origen aquel adagio popular transcrito en el último epígrafe. Para el romántico, la vida no tenía valor en sí misma, en tanto en cuanto no servía para algo. Por eso se presentaba la vida, dice Ricardo Navas Ruiz hablando de esa corriente española y universal, «como un cúmulo de tristezas, de dolores y desgracias sin cuento por más que en la juventud se sueñe amor, riqueza o fama.»[64] Estas ideas podrían aplicarse a *La muerte de Artemio Cruz*, donde asistimos a una serie de muertes y desgracias que se ceban en los desamparados de la fortuna, desencadenadas por los manipuladores de una revolución corrompida e institucionalizada. Al lector familiarizado con las noticias actuales, más que ficción le parece estar leyendo historia contemporánea; poco más de veinte años después de que Fuentes escribiera estas páginas, la misma queja sale de las gargantas vivas de los humildes supervivientes salvadoreños, que asisten, también impotentes, a las razias violentas de un ejército brutal, ante el que sólo es posible, si no la rebelión, el sollozo y el llanto, y esa frase de autoconsuelo fatalista popular que según los noticiarios sigue escuchándose en la calle: «La vida no vale nada.»[65] Artemio, en cambio, adherido provechosamente a esa revolución corrompida, observa la realidad con frialdad, y la supera con decisión y sin la melancolía que acompaña a la existencia romántica, ni la a veces pasividad conformista del campesino mexicano o salvadoreño. No obstante, aunque la situación sea social y biográficamente existente y verdadera, aparece inscrita en, y transformada por una serie de deudas y convenciones novelísticas que, mediante un tratamiento original, conducen a un desarrollo artístico-literario. Al romántico no le cuesta destruir la vida sin valor y por eso la arriesga o elimina, suicidándose como ocurre en *Don Alvaro* a nivel ficticio, o en Larra a nivel real. «Pero en cuanto sirve para realizar otras empresas la vida es estimable y valiosa: el romántico busca la acción, va y viene, recorre el mundo, se enfrenta a monstruos»;[66] hasta aquí podíamos estar hablando de Artemio, y, sobre todo, de su doble en oposición binaria, Lorenzo. Pero el romántico «quiere perderse y olvidar, porque cuando se detiene y medita, el vacío se abre ante él, la nada lo domina.»[67] Artemio, por el contrario, no quiere perderse en el olvido sino en el recuerdo, precisamente para que la nada, que lo está a punto de dominar, se aleje; mostrándonos a la vez que si la vida no vale en sí misma, sí que sirve para algo, positivo o negativo, en el pasado, presente y futuro de México. «La muerte es la gran amiga de los románticos. Como la vida no vale, a la muerte no se la teme;» Artemio, en cambio, se halla medroso ante Ella, en pronominalización de Rubén Darío. «Es la gran liberadora [recordemos el primer epígrafe] la que trae la paz al alma atormentada,... los amantes infelices la desean [pensamos en Laura]; los resignados la esperan para unirse a los seres queridos [no olvidamos a Ludivinia] ...el desprecio por la vida lleva... al valiente a la muerte heroica [lo que nos evoca a Lorenzo], y al temerario, a reírse del sino inevitable»—[68] lo que nos sugiere la actuación de Artemio quien se rio de Ella y la burló: en el pasado, mediante los cebos de amigos abandonados cual el soldado muerto, Gonzalo o el Yaqui; en el presente refugiándose en la memoria-sinónimo-de-vida.

También es oportuno apuntar la necesidad de encuadrar este epígrafe postrero en la tradición popular de la que se toma. En ese sentido nos sirve de oportuna ayuda clarificadora un trabajo de María del Carmen Garza de Koniecki que estudia el culto a la muerte en la poesía popular mexicana; dicha devoción se enclava en «la intrascendencia de una vida sin sentido ni justificación,» lo que lleva a dos actitudes distintas en el tratamiento de Ella: «el desprecio y la burla; pero ambas son caminos para ocultar el miedo.»[69] Precisamente esas «vías distintas» del «desprecio y la burla... para ocultar el miedo» definen irónica y paradójicamente la actitud de Artemio Cruz en su lecho de muerte.

Como en otros grandes hitos literarios nos hallamos con una obra de síntesis; de lo clásico y de lo moderno, de lo barroco, de lo romántico, de lo popular y del determinismo naturalista que observamos a través de los orígenes y vida nefastos de Artemio. Por eso la paradoja es constante, y en esa paradoja hay que colocar la novela de principio a fin, y el primer epígrafe culto y el último popular, y las palabras inicial y postrera del título; es decir, *La*, nota musical y signo folklórico del cantar alegre, y *Cruz*, imagen del penar sufriente y sacrificado.

Hemos intentado mostrar hasta aquí que título y epígrafes (o «pre-textos») de *La muerte de Artemio Cruz* encierran importancia suma, constituyendo una especie de micro-novela de la obra, o, en palabras más actuales, un metalenguaje que apunta no sólo lo que se va a decir en el «texto,» sino cómo se va a tratar y organizar, sugiriéndonos a la vez una serie de intertextualidades, sin que ello suponga desprecio u olvido de otras múltiples influencias, ciertamente existentes y quizá tan importantes como aquéllas.[70] Al fin y al cabo, como ya decíamos en la Introducción, «tout texte se construit comme mosaïque de citations, tout texte est absorption et transformation d'un autre texte.»[71] Este valor intertextual cobra más fuerza aún en la obra poética moderna, dentro de cuya clasificación podemos incluir sin duda *La muerte de Artemio Cruz*. En los nuevos autores se acentúan las intertextualidades ya sea en forma positiva o negativa: «Pour les textes poétiques de la modernité c'est, pourrions nous dire sans exagérer, une loi fondamentale: ils se font en absorbant et en détruisant en même temps les autres texts de l'espace intertextuel; ils sont pour ainsi dire des *alter-jonctions* discursives.»[72]

NOTAS

1. Wayne C. Booth, *The Rhetoric of Fiction* (1961; rpt. Chicago: The University of Chicago Press, 1975), 198, nota 25.

2. Véanse Mario Benedetti, «Carlos Fuentes: del signo barroco al espejismo,» *Letras del continente mestizo* (Montevideo: Arca, 1967); René Jara, «El mito y la nueva novela hispanoamericana. A propósito de *La muerte de Artemio Cruz*,» en *Homenaje a Carlos Fuentes: Variaciones interpretativas en torno a su obra*, ed. Helmy F. Giacoman (New York: Anaya-Las Américas, 1971), 147-208; Nelson Osorio, «Un aspecto de la estructura de *La muerte de Artemio Cruz*,» en Giacoman *Homenaje...*, 125-146.

3. Para un resumen sobre los distintos puntos de vista, favorables o contrarios, en cuanto a la estructura de *La muerte de A.C.*, pueden verse las tres primeras páginas del artículo de Bienvenido de la Fuente, *«La muerte de A.C.*: Observaciones sobre la estructura y sentido de la narración en primera persona,» *Explicación de Textos Literarios*, VI, 2 (1978), 143-151. Véanse también Lanin A. Gyurko, «Structure and Theme in Fuentes' *La muerte de A.C.*,» *Symposium*, 34 (Spring 1980), 29-41; y para un acercamiento más estructuralista Liliana Befumo Boschi y Elisa Calabrese, *Nostalgia de futuro en la obra de Carlos Fuentes* (Buenos Aires: Fernando García Cambeiro, 1974), sobre todo 95-97 y sgtes.

4. Morrissette, art. cit., 262.

5. L. Befumo y E. Calabrese, op. cit., 114-115, hablaban brevemente, y sin elaborarlo, de la importancia de estos cinco epígrafes como metalenguaje de la novela; su sucinta interpretación, aunque válida, difiere en forma y contenido de la nuestra.

6. Véase B. Morrissette, art. cit., 258-259.

7. *Ibid.*, 258.

8. Bruce Morrissette, en el art. cit., reconoce que en ciertas ocasiones es difícil la diferenciación entre generadores lingüísticos y situacionales: «Since linguistic generators may thus be closely involved in the production of situations and themes, we see that there is no hard and fast distinction between the linguistic and the situational types» (p. 258). Así lo apuntábamos ya en nuestra Introducción.

9. Leo H. Hoek, «L'imposture du titre ou la fausse vraisemblance,» en *Du Linguistique au Textuel*, ed. Charles Grivel y A. Kibédi Varga (Assen, Amsterdam: Van Gorcum, 1974), 113.

10. Steven G. Kellman, art. cit., 153.

11. Carlos Fuentes, *La muerte de Artemio Cruz*, (1962; rpt. México: Letras mexicanas, 1973), 7. Siempre que a partir de ahora citemos palabras de la novela, lo haremos refiriéndonos a las páginas de esta edición.

12. Nos referimos a Michel Eyquem de Montaigne, *Essais*, Introd. y notas Maurice Rat (Paris: Garnier Frères, 1962), Vol. I, Livre Premier, Cap. XIX: «Qu'il ne fault juger de nostre heur qu'après la mort,» Cap. XX: «Que philosopher, c'est apprendre à mourir,» y Vol. II, Livre Second, Cap. XIII: «De juger de la mort d'autruy.»

13. «En el tiempo presente de la novela Artemio es un hombre sin libertad: la ha agotado a fuerza de elegir,» dice Mario Benedetti en op. cit., 164. También Emir Rodríguez Monegal, «El mundo mágico de Carlos Fuentes,» Suplemento de *Imagen*, N° 16 (15-30 enero, 1968), Caracas, 11.

14. Montaigne, op. cit., I, 80.

15. *Ibid.*, I, 91.

16. *Ibid.*, I, 99.

17. *Ibid.*, I, 95; Maurice Rat aclara que cada verso pertenece a un autor diferente: «Notre première heure, qui nous a donné la vie, l'a entamée.» Sénèque. *Hercule furieux*, III, 874. «Nous mourons en naissant, et la fin de notre vie dépend de son origine.» Manilus, *Astonomiques*, IV, 16.

18. *Ibid.*, I, 99.

19. *Ibid.*, I, 95.

20. *Ibid.*, I, 94.

21. *Coplas de don Jorge Manrrique por la muerte de su padre*, en Augusto Cortina ed., *Jorge Manrique: Cancionero* (Madrid: Clásicos Castellanos, 1975), 90.

22. Montaigne, op. cit., I, 81.

23. Juan Ruiz, Arcipreste de Hita, *Libro de buen amor*, ed., introd., y notas Jacques Joset (Madrid: Clásicos Castellanos 14 y 17, 1974), Vol. II, 240-241.

24. Fernando de Rojas, *La Celestina: Tragicomedia de Calisto y Melibea*, introd. Stephen Gilman, ed. y notas Dorothy S. Severin (Madrid: Alianza editorial, 1974), 3ª ed., 133.

25. *Ibid.*, 203.

26. *Ibid.*, 204.

27. Jorge Manrique, op. cit., 90.

28. Montaigne, op. cit., I, 94. En nota a pie de página traduce M. Rat: «... La mort est le terme ultime des choses.» Horace, *Epîtres*, I, XVI, 76.

29. Stephen Gilman, *The Art of «La Celestina»* (Madison: University of Wisconsin Press, 1956), defiende *La Celestina* como obra existencialista.

30. Antonio Machado, *Poesías escogidas* (Madrid: Aguilar, 1972) 6ª ed., 148.

31. Un magnífico estudio sobre las dimensiones míticas en *La muerte de Artemio Cruz*, es el de. R. Jara citado, sobre todo a partir de la página 170.

32. Montaigne, op. cit., II, 7.

33. Saúl Sosnowski, art. cit., 648-649.

34. L.A. Gyurko, «*La muerte de Artemio Cruz* and *Citizan Kane*:...,» 70-71.

35. Montaigne, op. cit., I, 84.

36. *Ibid.*, I, 92.

37. *Ibid.*, I, 92.

38. *Ibid.*, I, 89.

39. *Ibid.*, I, 89.

40. *Ibid.*, I, 88.

41. *Ibid.*, I, 83-84. Maurice Rat traduce de nuevo a pie de página: «C'est comme le rocher qui est toujours suspendu sur Tantale.» Cicéron, *De finibus*, I, XVIII.

42. R. González Echevarría, en el art. cit., p. 198, apunta someramente el texto calderoniano del epígrafe, así como la cita posterior de Laura al maestro siglodeorista español, sin extender el análisis más allá de una sabrosa y concentrada nota.

43. Véase Alexander A. Parker, *The Allegorical Drama of Calderón: An Introduction to the Autos Sacramentales* (Oxford: The Dolphin Book, 1968), especialmente el capítulo segundo.

44. Véase Parker, op. cit., sobre todo 9-105.

45. Véase James E. Maraniss, *On Calderón* (Univerisity of Missouri Press, 1978), 1-17.

46. Martin Turnell, «*Le Rouge et le Noir*,» en *Stendhal: a Collection of Critical Essays*, ed. Victor Brombert (N.J.: Prentice-Hall, 1962), 17. Leo Pollman, op. cit., 289, apunta de forma escueta una similitud de ambos protagonistas: «Como un Julien Sorel moderno logra la humillación de una familia aristocrática que lo tiene que aceptar como yerno para escapar de la vergüenza económica con lo que al tiempo se hace de una buena base social y pecuniaria que le ha de ayudar en su ascensión posterior.» Véase también para el análisis del momento histórico de *Le Rouge et le Noir*, Erich Auerbach, «In the Hôtel de la Mode,» en *Stendhal: a Collection of Critical Essays*, ed. Victor Brombert (N.J.: Prentice-Hall, 1962), 34-46.

47. Grahame C. Jones, *L'Ironie dans les Romans de Stendhal* (Lausanne: Édition du grand Chêne, 1966), 63.

48. Victor Brombert, *Stendhal: Fiction and the Themes of Freedom* (New York: Random House, 1968), 32.

49. *Ibid.*, 64.

50. *Ibid.*, 65.

51. M. Turnell, art. cit., 24.

52. Marie Henri Beyle (Stendhal), *Le Rouge et le Noir*, Introd. S. de Sacy (Paris:

Le Club Français du Livre, 1980), 661.

53. A.A. Mendilow, *Time and the Novel* (London, 1952; rpt. New York: Humanities Press, 1965), 114-115.

54. José Gorostiza, *Poesía: Notas sobre poesía, Canciones para cantar en las barcas, Del poema frustrado, Muerte sin fin,* 1ª ed. (México: Fondo de Cultura Económica, Letras mexicanas, 1964), 107.

55. *Ibid.*, 11.

56. *Ibid.*, 113.

57. *Ibid.*, 113.

58. En este último punto, véase Gyurko, «*La muerte de Artemio Cruz* and *Citizen Kane*:...,» 76 y 81-83.

59. Gorostiza, op. cit., 128.

60. Stendhal, op. cit., 660.

61. La importancia de *El Laberinto de la soledad* de Octavio Paz en la creación de nuestra obra escapa a toda duda. Véase, por ejemplo, Joseph Sommers, «Individuo e historia: *La muerte de Artemio Cruz*,» en *La novela hispanoamericana actual,* ed. Angel Flores y Raúl Silva Cáceres (New York: Anaya-Las Américas, 1971), 153-154. Y también Luis Leal, «Review of *El laberinto de la soledad* by Octavio Paz,» *Revista Iberoamericana,* XXV, 19 (enero-junio 1960), 184-186.

62. Gorostiza, op. cit., 117.

63. Antonio Machado, op. cit., 148-149.

64. Ricardo Navas Ruiz, *El Romanticismo español: Historia y crítica* (Salamanca: Anaya, 1973), 28.

65. Joseph Sommers en el art. cit., 145-155, nos muestra la base de la novela a partir de los hechos individuales de Federico Robles (originados en su propia novela *La región más transparente*) y nacionales (la historia de México).

66. Navas Ruiz, op. cit., 28.

67. *Ibid.*, 28.

68. *Ibid.*, 29.

69. María del Carmen Garza de Koniecki, «La muerte en la poesía popular mexicana,» *Actas del Tercer Congreso Internacional de Hispanistas* (México: Colegio de México, 1970), 409-410.

70. Ya en el año mismo de su publicación, Angel González Arauzo, en «No Other Ends than Possession,» *Mexico Quarterly Review,* I, 4 (December 1962), 268-271, atisbó la importancia generativa de los epígrafes, citando y examinando brevemente en su reseña los de Stendhal y Gorostiza.

71. Julia Kristeva, *Recherches pour une semanalyse,*... 146.

72. *Ibid.*, p. 257.

CAPITULO II

«ARTEMIO CRUZ... NOMBRE...» (316)

> *Mi nombre que sólo tiene once letras y*
> *puede escribirse de mil maneras Amuc*
> *Reoztrir Zurtec Marzi Itzau Erimor pero*
> *que tiene su clave, su patrón, Artemio*
> *Cruz, ah mi nombre...*
>
> Carlos Fuentes,
> *La muerte de Artemio Cruz* (118)

1. *El nombre como generador*

«En un lugar de la Mancha, de cuyo NOMBRE no quiero acordarme...» De esa forma inmortalizó Cervantes el nombre de un lugar sin nombre, llamando así la atención paradójicamente a la importancia de la nominación desde los albores mismos de su novela y de la novela moderna. Carlos Fuentes en *La muerte de Artemio Cruz* realiza algo semejante con sello artístico nuevo, que los nuevos tiempos, las nuevas convenciones literarias, las nuevas lecturas, en fin, acordes a esas convenciones y tiempos, nos permiten rastrear y descifrar. No obstante, en un lugar sin mancha, de cuyo nombre no quiero acordarme, no ha mucho tiempo que escribía un hidalgo de los de pluma en tintero, crítica antigua, horizonte flaco y estilo corredor, y acusaba de «niñería» a nuestro autor por el empleo de «vocablos y nombres extravagantes» en remedo del *Ulysses* y de Faulkner, y se molestaba porque Artemio Cruz se entretuviera en «encontrarle equivalencias a su nombre, Amuc Reoztrir Zurtec Marzi Itzau Erimor, para hacer oscuro e ininteligible lo que narrado sencilla y directamente acaso resultara interesante y entretenido.»[1] En verdad, que si Don Miguel nos hubiera narrado sencilla y directamente el nombre de aquel lugar, nos habría iluminado esa terrible oscuridad e incertidumbre que ha conducido a no pocos a perder el tiempo vanamente en el rastreo de la localización y nominación de ese lugar sin nombre, y a otros tantos a tratar de descodificar provechosamente los sentidos profundos de éste y otros artificios auto-significantes de aquella obra maestra inagotable.

También Carlos Fuentes nos ha proporcionado de manera sutil, mediante unos nombres de apariencia extravagante, los hilos que nos conducirán a desentrañar la madeja, una vez que, claro está, encontramos el cabo o código por el que desenrollar, desentrañar y clarificar el ovillo y el texto. Según podemos observar en el epígrafe con que encabezamos este capítulo, nos ofrece *Artemio Cruz* tres claves distintas de su nombre, a base de un ordenamiento diferente de sus once letras. Se nos apunta incluso una cierta libertad en el ejercicio anagramático, puesto que la segunda combinación (*Zurtec Marzi*) ostenta una «z» de más a cambio de la falta de una «o», hallándose privado de una «c» y sobrado de una «i» el último montaje onomástico (*Itzau Erimor*). Por consiguiente, el disgusto del innominado crítico tradicional recientemente citado se debe, haciendo nuestras unas palabras de Paul Di Virgilio, al «failure of the traditional reader's code, based upon mimetic assumptions, to exhaust the information presented by the narrative.»[2]

A lo largo y ancho de *La muerte de Artemio Cruz* se nos llama la atención sobre la importancia de su nombre. ¿Se trata simplemente del narcisismo de un protagonista enamorado de las cadencias acústicas o de las sinuosidades gráficas de su propio nombre? ¿O será, tal vez, una manifestación más de su tan cacareado orgullo? Podría existir en tal insistencia algo de lo primero y estamos ciertos de que existe mucho de lo segundo, pero no nos proponemos aquí realizar un estudio sobre el orgullo de Artemio Cruz o sobre su musicalidad rítmica, sino sobre Artemio Cruz como nombre en sí y en relación con el texto y con los nombres de los demás personajes de la obra; es decir, como fuerza generativa singular, que, apoyada en las otras energías motrices, cual los nombres de la novela, el título, los epígrafes y el mismo texto, coadyuva al desentrañamiento de la totalidad artística.

La potencialidad productora y generatriz del nombre no conduce, pues, al narcisismo masturbante auto-admirativo de protagonista, lector o autor, ni al narcisismo suicida del mito ovidiano que lleva directamente a la «literatura de extenuación» preconizada por John Barth,[3] sino a un vivo narcisismo re-creador, auto-generador y auto-esclarecedor de los propios procesos de producción mimética, diegética y lingüística del texto de que dicho nombre—o nombres—forma parte. El análisis auto-generativo que realizamos del nombre del protagonista podríamos encuadrarlo, como ya apuntamos en la Introducción, entre los artificios cripto- y ana-gramáticos del narcisismo encubierto hutcheoniano en sus dos modalidades diegética y lingüística, ya que tales artilugios resaltan la naturaleza fantástica y lingüística del «heterocosmos» novelesco, siendo a la vez auto-comentario temático, estructural y técnico; o bien, tal examen generativo tendría por base a los generadores que Morrissette llama «lingüísticos»—y que pueden ser «letrísticos,» «silábicos,» «fonéticos,» «anagramáticos»—,[4] puesto que descomponemos su sistema letrístico y fónico para generar sentidos que clarifican el texto.

Fuentes captó la importancia del nombrar para el proceso de la lectura, como Barthes apunta en *S/Z*: «Ainsi commence un procès de nomination, qui est l'activité même du lecteur: lire, c'est lutter pour nommer, c'est faire subir aux phrases du texte une transformation sémantique... elle consiste a hésiter entre plusieurs noms.»[5] Como lector y como crítico seguiremos hasta cierto punto el consejo del mismo Barthes: «Lire, comprendre, thématiser..., c'est de la sorte *reculer* de nom en nom à partir de la butée signifiante.»[6] Avanzando y retrocediendo de nombre en nombre, y con la ayuda de los rasgos semánticos que sobre ellos nos arroja el texto, llegamos a Artemio Cruz, que es por excelencia «el nombre propio que proporciona una especie de refugio, una garantía de que esas cualidades, recogidas de todo el texto, pueden relacionarse unas con otras y formar un todo que es mayor que la suma de sus partes.»[7] Fuentes utiliza la pronominalización, pero esos pronombres se refieren siempre a un nombre concreto. No cae totalmente en la pronominalización proustiana en que la «absence de nom... provoque une déflation capitale de l'illusion réaliste.»[8]

A pesar de tantos convencionalismos literarios de la semántica textual, no quisiéramos caer en una fuga total de los hechos existenciales del texto que como lectores naturalizamos en ese nombre-propio-personaje, Artemio. Es decir, con tanta convención literaria, no podemos olvidar el nivel vivencial y sociológico que vimos ya en el quinto epígrafe, observamos en el nombre y se halla, en fin, omnipresente en la obra toda; Artemio Cruz es un nombre y un apellido comunes entre los mexicanos, pero, como en otras ocasiones, Fuentes transciende esa realidad vivencial que le sirve de base en una realidad intencionalmente superada, en una realidad artística.

En *La muerte de Artemio Cruz* existe un texto de 308 páginas (9-316) precedido de un breve resumen temático y técnico constituido por cinco epígrafes (7), que a su vez se hallan condensados en un título (5). En la primera parte de este estudio hemos mostrado la importancia y significación de aquellos dos «pre-textos». ¿Será posible una aún mayor concentración que el título? ¿Tal vez el nombre a secas, Artemio Cruz, el «universo encarnado»?

Con todos estos pensamientos, al leer el párrafo que transcribimos como epígrafe de este capítulo llegamos a la seguridad de que Fuentes trataba de decirnos con ese nombre algo más, lo sospechamos «clave» y «patrón» de la novela. Así, con sus «once letras» formamos un «boggle,»[9] al que comenzamos a jugar ávidamente, a pesar de no estar amenazados por el odiado reloj de arena, y con la única compañía de un, al mismo tiempo, silencioso y locuaz contrincante al que habíamos desafiado, pero que con el pasar de las horas se convirtió en nuestro más preclaro y generoso colaborador: el omnisciente «texto».

A	R	T	E
M	I	O	
C	R	U	Z

Fig. 1. Nuestro «boggle.»

Trabajando a la par descubrimos palabras seductoras, nunca caprichosas, que mi buen amigo no tuvo demasiados inconvenientes en aceptar en su contexto, temática o estructuralmente. Limitándonos a sólo una de las formas posibles de cada palabra que aparece en el nombre, en el segundo aspecto constatamos, *trío, zurcir, cruzar, arte, cruz, rimar, crear, corteza,*...; en el aspecto temático parece existir una más amplia lista: *temor, amor, atroz, azote, marte, morir, actúo, tomar, cura, metió, mito, retar, trocar,* podríamos repetir, *cruzar, zurcir,*... y un extenso etcétera. No estamos seguros de que todo ello hubiera podido ser únicamente una coincidencia casual, más aún cuando llegamos a descubrir combinaciones de todas y sólo las once letras de aquel nombre, que forman frases de esencial importancia en la novela; cuando notamos que los cuadros de nuestro «boggle,» contando el de separación entre los dos vocablos del nombre, sumaban doce recintos, lo mismo que los episodios de la narración en tercera persona; cuando recordamos la estructura circular de la novela reflejada en ese nombre, Artemio Cruz, cuyas letras inicial y postrera, de igual forma que en *Abel Sánchez* de Unamuno, abren y cierran precisamente el círculo alfabético del abecedario.

2. *La importancia de los nombres: recuerdo-vida*

Al iniciarse el texto, Artemio Cruz se halla en un momento de su vida sin elección posible, con la muerte implacable a su puerta. Por ello se refugia en el recuerdo como sinónimo de vida. Son precisamente los nombres los que atraen ese recuerdo. Artemio lucha por recuperar los nombres y sufre cuando no lo consigue, pero poco a poco los va recobrando en su mayor parte: Regina, Lorenzo, Tobías, Lunero, Gonzalo, ... «¿y ella? Otra... Laura» (206). Hay un caso en que el nombre se le escapa, lo que constituye para él motivo continuo de preocupación y sufrimiento, no quedándole más remedio que darle un nombre sin nombre, el soldado desconocido, lo que constituye una forma de llamarlo en el recuerdo. Hablamos de aquel «soldado sin nombre» que El había abandonado.

El nombre es recuerdo y por tanto vida; de ahí lo crucial de su constatación y lo desdichado de la caída en el olvido o en el anonimato. Jorge Luis Borges en «Historia de los ecos de un nombre,» especula sobre la importancia, incluso ontológica, del nombre en lo más primigenio de las culturas, sean éstas la judía, la egipcia o las de los aborígenes australianos,[10] apuntando que «según la literatura funeraria, son muchos los peligros que corre el alma después de la muerte del cuerpo; olvidar su nombre (perder su identidad personal) es acaso el mayor.»[11] Paralelamente Gabriel García Márquez en *Cien años de soledad* nos ofrecerá el episodio del insomnio y su efecto el olvido: en él se borran de la mente de los personajes «el nombre y la noción de las cosas,» que son rescatados mediante la repetición y la fijación escrita.[12] Es necesario repetir los nombres para que vivan, para que no se olviden. Artemio así lo hace con el de Regina y con los demás. Podemos advertir esa relevancia de los nombres en múltiples ocasiones, de las que pueden servir de muestra los siguientes fragmentos de la conversación entre

Artemio y Gonzalo Bernal en la prisión de Perales, mientras esperaban a ser ajusticiados:

—Regina...
—¿Cómo?
—No. No más repito nombre. ... ...
—Bueno; me repetí unos nombres. ¿Sabes? Ya no me suenan; ya no me quieren decir nada: ... ...
—No, no pienses para adelante, sino para atrás. Yo pienso en todos los que ya han muerto en la revolución.
—Sí; recuerdo a Bule, Aparicio, Gómez, el capitán Tiburcio Amarillas... a unos cuantos.
—Apuesto que no le sabes el nombre ni a veinte. Y no sólo a ellos. ¿Cómo se llamaban todos los muertos? No sólo los de esta revolución; los de todas las revoluciones y todas las guerras y hasta los muertos en su cama. ¿Quién se acuerda de ellos? (192-193)

Es precisamente Montaigne quien dedica uno de sus ensayos a valorar la arbitrariedad o pertinencia, la importancia o futilidad de los nombres. En este sentido es interesante hacer notar el parentesco existente entre el anterior pasaje de *La muerte de Artemio Cruz* y el que transcribimos a continuación del ensayista francés:

Combien y a-il, en toutes les races, de personnes de mesme nom et surnom? Et en diverses races, siecles et païs, combien? L'histoire a cognu trois Socrates, cinq Platons, huict Aristoteles, sept Xenophons, vingt Demetrius, vingt Theodores: et devinez combien elle n'en a pas cognu. Qui empesche mon palefrenier de s'appeller Pompee le grand? Mais, après tout, quels moyens, quels ressors y a-il qui attachent à mon palefrenier trespassé,...[13]

Cuando en aquella prisión de Perales, Artemio decide «cantar,» aunque sea falsamente, ante el coronel Zagal, jefe de los enemigos villistas, sugiere que lo hace por salvar el recuerdo de Regina, que, aunque muerta, vive aún en la evocación de su nombre en la mente de El, por mucho que en realidad no sea más que «un cuerpo devorado por los gusanos en un hoyo sin nombre, en un pueblo sin nombre» (198).

Uno de los motivos que se repite en la narración en primera persona, y en conexión con el más amplio de la preocupación de Catalina y Teresa por el testamento, es su insistencia de éstas en que el abuelo «reconozca,» en su doble connotación física y legal, a su nieta; para ello piden a ésta que exprese su nombre: «—Acércate, hijita... que te reconozca... dile tu nombre... —Soy... soy Gloria» (162, 202, 222).

El no citar un nombre no habiendo ignorancia, o el citarlo erróneamente, supone un vejamiento del personaje; así ocurre con «el gordo,» o «—El señor Presidente —Ol Soñor Prosodonto —Al Sañar Prasadanta» (137).

Cuando emergen los personajes en la novela, mediante narración o escena, se nos hace conscientes de sus nombres:

—Mi hija Catalina [decía Gamaliel Bernal a Artemio] (40).
...   .
—¿Usted es Páez?
—Remigio Páez—dijo la sonrisa torcida—. ¿Y usted? general, coronel, mayor...?
—Nada más Artemio Cruz. (47). [A Artemio Cruz le basta con su nombre]
...   .
—Soy Dolores.
—Lorenzo. Ese es Miguel.
—Yo soy Miguel. (233)
...   .
Nuri con la boina y María con la gorra de estambre dijeron sus nombres y ellos repitieron los suyos. (234)

Con todo, después descubrimos que esta última narración se basa en unas cartas de Lorenzo y Miguel y que el narrador si no conoce los nombres los inventa, y de esa forma, como en los otros casos, les da vida en el recuerdo: «invento paisajes, invento ciudades, invento nombres y ya no los recuerdo: ¿Miguel, José, Federico, Luis? ¿Consuelo, Dolores, María, Esperanza, Mercedes, Nuri, Guadalupe, Esteban, Manuel, Aurora? ¿Guadarrama, Pirineos, Figueras, Toledo, Teruel, Ebro, Guernica, Guadalajara?» (244). Pero el hecho es que son precisamente unos nombres concretos: Lorenzo, Dolores, Miguel, Nuri y María. Con ello se hace también un ejercicio de metalenguaje, un comentario de su propia ficción. ¿O es que no tienen tanta o más vida para nosotros Artemio Cruz o Don Quijote—nombres inventados, ficticios—como Carranza o Felipe III? Los nombres llegan a constituir para Artemio una obsesión, de forma que en toda la novela sufrimos un bombardeo de ellos, e incluso el mismo Artemio en la noche de San Silvestre de 1955, ya decadente física y mentalmente, se empieza a cansar: «no más cosas, más recuerdos, más nombres que los conocidos» (255). Pero son necesarios, porque como se nos dice en la introducción precedente del Tú, se trata de «un día de ceremonia... en que todos los nombres.. de un ciclo fermentan y hacen crujir la costra de la tierra» (250).

Artemio Cruz no sólo aparece preocupado por los nombres, por el recuerdo de personas o de cosas, sino que incluso se preocupa por el nombre de los conceptos; es parte de la lucha contra el lenguaje: «¿Cómo se llamará darlo todo a cambio de todo?... pónganle el nombre que gusten...» (271).

El testamento codiciado por Catalina en riqueza monetaria y económica, para Artemio es una herencia de nombres: «Les legaré esos nombres muertos... Regina... Tobías... Páez... Gonzalo... Zagal... Laura, Laura... Lorenzo... para que no me olviden» (271). Por supuesto, esos nombres son parte de su vida, y, con el suyo como centro, permanecerán y vivirán en las gentes gracias al recuerdo: «legarás las muertes inútiles, los nombres muertos, los nombres de cuantos cayeron muertos para que el nombre de ti viviera; los nombres de los hombres despojados para que el nombre de ti poseyera; los nombres de los hombres olvidados para que el nombre de tí jamás fuese olvidado» (277). Lo quiera o no, él mismo recibe una herencia de los que lo precedieron y los que ahora pululan en torno suyo:

> Querrás que todo suceda sin que tú le debas nada a nadie y querrás recordarte en una vida que a nadie le deberá nada: ella te lo impedirá, el recuerdo de ella—la nombrarás: Regina; la nombrarás: Laura; la nombrarás: Catalina; la nombrarás: Lilia—. . . nadie te dará más, para quitarte más, que esa mujer, la mujer que amaste con sus cuatro nombres distintos: ¿quién más? (121-122).

¿Quién más? Todos: amadas y amados, amigos y enemigos, ascendientes y descendientes. Todo y todos ofrecen su nombre a Artemio, y éste lo recibe, irradiándolo de nuevo hacia ese todo.

Falta poco para llegar al paso siguiente, para llegar a reconocerse ombligo familiar y nacional, tanto social, como económica e históricamente; más aún, cree conquistar las estrellas: «eres, serás, fuiste el universo encarnado... Tú serás el nombre del mundo» (313). Ese reconocimiento y orgullo de su nombre raya con el panteísmo; es más, se cree hasta cierto punto Dios: «Eso sí es ser Dios ¿eh?, ser temido y odiado y lo que sea, eso sí es ser Dios, de verdad, ¿eh?» (163, 244). Lo lleva en la sangre, heredado de sus padres y abuelos; de Lu-divinia, la vieja diosa que se mantiene encerrada en su habitación, recinto sagrado al que sólo a su ministro Baracoa le está permitida la entrada. Su hijo Don Pedrito comete el sacrilegio de profanar ese sagrario y pronto lo paga con la muerte. Es ella la que ha de salir del sagrario para infundir su divinidad, su 'Luz divina,' al nieto cuya sangre ya ha reconocido.[14] Artemio toma por ahí la herencia paterna y la une a la materna, a la Cruz. Es un dios con una Cruz, recibidos de su abuela y de su madre; pero ese dios con la Cruz no muere sino que da muerte siguiendo la progenie de su padre Atanasio ($\theta \acute{\alpha} \nu \widetilde{\alpha} \tau \sigma \delta$ = muerte), no predica la paz sino que hace la guerra, como sucesor en la misma vena irónica de su batallador abuelo Ireneo ($\epsilon \acute{\iota} \rho \acute{\eta} \nu \eta$ = paz). No olvidemos que de entre las letras de su nombre podemos extraer la palabra *Crizto,* pero un Cristo diferente, con z, aunque la apariencia fónica mexicana sea la misma. El orden del mundo es el del nuevo Cristo, el del nuevo Dios, el de Artemio Cruz; el otro ha muerto o, mejor dicho, ha sido ejecutado por Artemio, para quien no valía la antigua moral cristiana, impuesta, según proclama él mismo una y otra vez, o como se nos sugiere en una diferente articulación de las once letras de su nombre: *Muera Crizto,* ya que «vivir es traicionar a tu Dios; cada acto de la vida, cada acto que nos afirma como seres vivos, exige que se violen los mandamientos de Dios» (123-124). Esa nueva moralidad proclama valores que se constituyen en las virtudes del nuevo mundo, el de Artemio; de esa forma, aunque con muy diferente contenido moral y semántico a lo que Montaigne entendía por virtud, se prepara para una muerte tranquila como eco de la virtud *sui generis* que implanta y que los justifica ante sí mismo y ante el lector. ¿O es que no está en lo cierto el ensayista galo cuando inquiere retóricamente: «Or des principaux bienfaicts de la vertu est le mepris de la mort, moyen qui fournit nostre vie d'une molle tranquillité, nous en donne le goust pur et aimable, sans qui toute autre volupté est esteinte?»[15] Su obra, la del nuevo Cristo, por detestable, nefasta e injusta que sea, es la que permanece en México, en el mundo y en el universo con su nombre. Artemio Cruz es la verdadera América de hoy, como se nos dice, en castellano e inglés fonético, en un nuevo montaje de su nombre: *Américo Truz;* toda América, la del Norte, la del Centro y la del Sur, la latina y la inglesa.

3. *El otro «pre-texto»*

Es evidente el interés de Carlos Fuentes en nuestra novela por la denuncia y exposición de esa América cruda, lejana al triunfalismo oficial mexicano o, en general, a la imagen que de ella nos presentan los canales tradicionales de información de ambos hemisferios. La verdadera América de *La muerte de Artemio Cruz* es una América dictatorial, corrompida por intereses económicos, políticos o religiosos, pero en la que de cuando en cuando brilla una estrella fugaz, en forma de la abnegación de un Lorenzo o del amor de una Regina o una Laura. No creemos necesario destacar más la importancia de este aspecto socio-histórico del texto, porque cualquier mediano conocedor de la historia mexicana y americana, cualquier persona con oídos y ojos a la situación actual, puede descubrir ya en una primera lectura de nuestra obra, las continuas acusaciones a ese colonialismo cultural, económico, político y religioso, que viene a ser ya costumbre histórica. Hablamos del colonialismo español de antaño y del estadounidense de hogaño, consentidos e incluso defendidos por los organismos del poder en beneficio propio (Artemio); y sin importar, en el fondo, a costa de qué sacrificio de esa amplia masa sumida en la pobreza, el sufrimiento y la vejación. No olvidamos, no, ese otro «pre-texto» hasta ahora casi silenciado, que se constituye en generador intencionado que, como los demás, mediatiza y condiciona auto-conscientemente la lectura, llamando la atención sobre la importancia del aspecto sociológico de la novela. Nos referimos a la dedicatoria piramidal colocada inmediatamente antes del texto, como emblema de la estructura socio-política mexicana desde los aztecas a nuestros días:

A
C. Wright Mills
verdadera voz de *Norteamérica,*
amigo y compañero en la lucha de Latinoamérica (8)
(subrayado nuestro)

En la base textual y vital se halla la mese «en lucha de Latinoamérica,» en la que se apoya el segundo estrato más reducido de los seguidores de «la verdadera voz» cultural y colonial «de Norteamérica», que a su vez se halla dirigida por una minoría de sacerdotes o intelectuales, «verdaderos molinos que hace que el trigo proveniente de la base se convierta en la harina que enriquece, sobre todo, al elemento superior piramidal de la dirigente élite política y social, representada letrísticamente en esa cúspide formal y alfabética de la «A».

Notemos por otra parte que Charles Wright Mills, el famoso activista y sociólogo norteamericano, muerto precisamente en 1962, año de la publicación de *La muerte de Artemio Cruz*, es el nuevo introductor de la sociología conflictiva, fascinado por los problemas del poder y su desigual distribución en la sociedad. Cuando Carlos Fuentes habla con Emir Rodríguez Monegal sobre la función denunciante del lenguaje del escritor contra la propaganda triunfalista en favor del *status quo* de «los poderes constituidos que pueden garantizarnos la tranquilidad,» nombra precisamente a C. Wright Mills.[16] Éste en un lado observa la élite con poder, prestigio y riqueza, y en el otro a las masas, privadas de toda influencia en asuntos públicos y dependientes de fuerzas fuera de su control: esta misma es la historia de *La muerte de Artemio Cruz*; recordemos, si no, la fiesta de la noche de San Silvestre de 1955, cuando todos rendían pleitesía a Artemio; o bien, a los indios impotentes e indefensos ante la explotación del cacique de turno, ora se llame éste Gamaliel Bernal, ora Artemio Cruz. Para el sociólogo norteamericano aquella élite se halla representada por los hombres que controlan las grandes organizaciones, a saber, las vastas corporaciones, las fuerzas armadas («warlords»), el directorio político y los medios de comunicación.[17] Artemio es un compendio de los hombres de esa élite: controla y posee corporaciones, se encuentra en el cuerpo dirigente del ejército, participa en la dirección política— embozado primero en influencias, abiertamente luego como diputado—, domina los medios de comunicación— recuérdese el periódico de su propiedad. Aprovecha bien Artemio las enseñanzas últimas que el revolucionario intelectual Gonzalo Bernal le ofrece crítica y desilusionadamente en la prisión de Perales cuando esperan su próximo fusilamiento: «los letrados sólo quieren una revolución a medias, compatible con lo único que les interesa: medrar, vivir bien, sustituir a la *élite* de don Porfirio. Ahí está el drama de México» (195).

Por otra parte, Mills interpreta las ciencias sociales de forma macrosociológica, es decir, tratando de estudiar al hombre no en un rinconcito de la realidad sino en la historia, buscando establecer conexiones entre esta ciencia y la biografía. La similitud con el estudio socio-novelístico de Fuentes es notable también en este punto: se nos ofrece la biografía de Artemio en el marco histórico de la revolución mexicana, realizándose continuas comparaciones entre biografía e historia, hasta llegar a la ecuación de ambas en la identidad de Artemio con la revolución misma: «Artemio Cruz: así se llamaba, entonces el nuevo mundo surgido de la guerra civil» (50).[18] Más aún, la historia de Artemio, el hombre, esa historia de muerte, es la verdadera historia de toda América, de norte a sur, la precolombina, la colonial y la «independiente»: la «verdadera» América, cabalmente expresada por C. Wright Mills como «verdadera voz de Norteamérica:» *Américo Truz.*

No creemos que sea caprichosa esta combinación bilingüe en el contexto de este nuevo «pre-texto», cuando, además, existen en el texto paralelos que la avalan: recordemos el continuo uso del inglés en la novela y la preocupación de Catalina por su adecuada pronunciación:

—Joan Crawford—dijo la hija—. Joan Crawford.
—No, no. No se pronuncia así. Así no se pronuncia. Crofor,
Crofor; ellos lo pronuncian así.   .
—Crau-for.
—No, no. Cro, cro, cro. La «a» y la «u» juntas se pronuncian
como «o» ...
—Cro-for. (22-23)

—No, no. No truth, sino truz. La «t» y la «h» juntas se pronuncian como «z» española... Truz. Es decir, la «verdadera América»: *Américo Truz.* Si, ciertamente «Américo» y no «América»; «Américo», en la forma masculina, porque en realidad América —o México y su Revolución—está dominada por Artemios, por hombres «con guevos»—como repetidamente enfatiza el texto—, por hombres poderosos que usan a las mujeres como objetos de mero placer, cuando no de violación, como descanso de guerrero o báculo de vejez, o como adornos de flamantes carreras políticas, o tal vez como agentes intermediarias en busca de conquistas económicas, sociales o territoriales. Estoy pensando a todos estos respectos en la mayoría de los personajes femeninos que pasan por *La muerte de Artemio Cruz*: en Ludivinia, en Baracoa, en Isabel Cruz, en Regina y Catalina y Laura y Lilia y la india que usa Artemio cuando Catalina está embarazada o enojada, en sus propias hija y nieta, Teresa y Gloria, que le repelen como oposición al amado activo modelo masculino propio o de su hijo Lorenzo. Frente a la agresividad, no abrirse y rajar masculinos tenemos a la mujer, víctima pasiva, abierta y rajada, lo cual, como diría Paz, parece llegarle por su propia naturaleza. Como en otros muchos aspectos, *El laberinto de la soledad* de Octavio Paz parece marcar la pauta de este mundo femenino en que la mujer es instrumento o medio, nunca fin. Existe un pasaje del famoso ensayo mexicano que me parece certero modelo del mundo femenino de nuestra novela:

Prostituta, diosa, gran señora, amante, la mujer transmite o conserva, pero no crea los valores y energías que le confían la naturaleza o la sociedad. En un mundo hecho a la imagen de los hombres, la mujer es sólo un reflejo de la voluntad y querer masculinos. Pasiva, se convierte en diosa, amada, ser que encarna los elementos estables y antiguos del universo: la tierra, madre y virgen; activa, es siempre función, medio, canal. La feminidad nunca es un fin en si mismo, como lo es la hombria.[19]

En este mundo artemiano la mujer es, pues, objeto o medio del poder masculino, nunca sujeto o protagonista. Por ello, de acuerdo también con Paz, no es individuo sino más bien especie: «la mujer que amaste con sus cuatro nombres distintos» (122), dice Artemio Cruz. Es la mujer que en Paz y Fuentes se encierra en la mujer símbolo de todas las demás, reina y esclava, madre y amante, prostituta y virgen: Marina, la Malinche, la Chingada.

También el imperio de Artemio como protagonista y focalizador de la novela—que hemos apuntado en el capítulo anterior y examinaremos detalladamente en el próximo—puede tomarse por metáfora de ese dominio absoluto másculino de un hombre representante de la «elite del poder» sobre su mundo.

En ese contexto, pues, el nombre de América permanece gramatical y referencialmente irónico, puesto que la Historia americana y la historia artemiana la muestran ambas bajo control masculino: «Américo de Artemio».

Salvar la vida al hombre es una imposibilidad, «... 'inútil'... 'corazón'... 'masaje'... 'inútil'... ...los tres... moriremos... Tú... mueres... has muerto... moriré,» pero algo permanece: «Artemio Cruz... nombre» (316), y hombre.

4. *Artemio Cruz, microcosmos:*
«universo encarnado» y «nombre del mundo»

La importancia de los nombres no se halla únicamente en constituir en sí mismos un recuerdo, una vida, sino que, como vamos ya viendo, además han de reflejar esa vida y ese personaje de forma integral. Según Borges «para el pensamiento mágico, o primitivo, los nombres no son símbolos arbitrarios, sino parte vital de lo que definen.»[20] La correspondencia entre «significante» y «significado» no es accidental o arbitraria como decía Saussure. Es más, diríamos que ese «nombre-signo,» constituido por «significante» y «significado,» intenta ir más allá del «signo» lingüístico propiamente dicho, el definido por Saussure, para ser no sólo «signo-imagen,» en que existe una relación de causalidad entre «significante» y «significado,» sino «signo-icono» en que la semejanza entre ambos componentes es efectiva al modo de un retrato y su modelo.[21] Creemos que Fuentes busca que el «significante» se corresponda al «significado,» el «nombre» a su «portador,» y si no, o bien nos avisa de la falsedad—como ocurre con «la india Baracoa que perdió su nombre original, para recibir éste de la población negroide de la hacienda, tan mal avenido con su perfil de águila y sus trenzas cebosas» (289)—, o bien no se nos da el nombre—como ocurría en el caso de la idea de «darlo todo a cambio de todo»—, o bien se deforma—cual sucedía con «El Señor Presidente,» que, al deformarlo ortográficamente, nos muestra que el nombre no se corresponde a la persona, no siendo por consiguiente un verdadero Presidente. Con ello, según ocurre en el «narcisismo lingüístico encubierto» a que nos referimos en la Introducción, se realiza además un auto-comentario sobre la propia naturaleza lingüística de la obra. Fuentes trata de buscar la perfección lingüística de forma que «significante» y «significado» se acerquen lo más posible a la identidad. Una afirmación tan simple requiere un examen más detallado del significante y significado de esos signos, puesto que, haciendo nuestras las palabras de J. Culler al referirse al examen que Stephen Heath realiza de *Finnegans Wake* de Joyce,

> el significante ya no es una forma transparente a través de la cual accedemos al significado; aparece exhibido como un objeto por derecho propio que lleva las huellas de significados posibles: sus relaciones con otras palabras, sus relaciones con los diferentes tipos de discurso que presionan a su alrededor. La multiplicidad de esas relaciones hace del significado, no algo ya realizado y en espera de que se lo exprese, sino un horizonte, una perspectiva de producción semiótica.[22]

En este sentido, su novela es una batalla de lenguaje. Una de las alas de este campo de batalla, o, quizás sería mejor decir, parte de la vanguardia de su frente está constituida por los nombres de los personajes, que no dejan de ser una arbitrariedad; Barthes dice que «Appeler... des personnages... c'est

accentuer la fonction structurale du Nom, déclarer son arbitraire, le déper-
sonnaliser, accepter la monnaie du Nom comme pure institution.»[23] Sin
embargo, esa arbitrariedad se pierde al adquirir los nombres significación
en el texto, por quien son calificados y a quien, como fuerza estructuradora, califican. Sin tratar de realizar un examen exhaustivo de esa correspondencia entre la palabra y la cosa o el nombre y el personaje, apuntaremos
algunos de los que nos parecen más evidentes, sobre todo si se hallan en
torno al personaje central, Artemio Cruz, en cuyo nombre nos hemos de
centrar como lo ha hecho su autor.

Comenzando por sus orígenes, se halla la madre Cruz Isabel Isabel
Cruz que, en palabras de René Jara es «el símbolo cristiano del dolor, del
sufrimiento resignado, del destino de sacrificio... Queda con ella el nombre
de la reina que envió sus tropas a la conquista, a consumar un vasallaje por
varios siglos consentido: la chingada.»[24] Este sentido indio-español del
nombre es posible rastrearlo en el texto de la obra: «Avanzará hacia tus
ojos cerrados,... la tropa ruda, *isabelina, española* y tú atravesarás bajo el
sol la ancha esplanada con la *cruz* de piedra en el centro y las capillas abier-
tas, la prolongación del culto *indígena*» (35) (subrayado nuestro). Se nos
ofrece, pues, con el nombre, la violenta mezcla del español con el indio; el
orden no importa, Cruz Isabel o Isabel Cruz: «tanto monta, monta tanto»
era el lema de los Reyes Católicos que se aplica aquí a la violenta mezcla, la
chingada: cruz, cruce, entrecruzamiento, encrucijada, sugerido incluso por
el quiasmo del nombre; todo eso es la madre según nos lo revela con preci-
sión el nombre en encubierto metacomentario narcisista semántico; y además, fatalidad y sacrificio de sí misma, todo lo cual ha de ser heredado por
su hijo que es también Cruz.

En el caso de Lunero, la correspondencia poética del nombre es palmaria: ofrece el paradójicamente negro personaje al niño Artemio, la luz
que lo guía por la aurora feliz e inocente de su niñez. Sin la compañía de
Lunero el niño no distingue bien y mata a su tío don Pedrito, tomándolo
por el cacique enemigo que amenaza llevarse su luz lunar para dejarlo sumi-
do en la negra noche. El resultado del asesinato del lucero Lunero es la ce-
guera de Artemio, quien emprende un camino sangriento de revoluciones
sin sentido, de traiciones y falsedad.

Lo poco que sabemos de su padre es una historia de violencia, viola-
ciones y muerte; no podía ser de otra forma, puesto que Atanasio procede
del griego muerte. Digno antecesor, pues, de su hijo concebido en la violencia de la violación y nacido poco antes de que el progenitor consumara el
asesinato de la madre. Don Pedrito, por el contrario, es lo opuesto a su her-

mano; ni siquiera llega a Pedro; no obstante, posee las llaves familiares del dinero que le abren las puertas de acceso a su cielo, las cantinas y las mujeres, a quienes compra y no fuerza como su violento hermano.

Por último, notemos dentro de los antecedentes familiares artemianos a Ireneo, el abuelo, cuyo nombre, también de origen griego significa paz; es decir, que en este caso el nombre se le ha dado como paradoja irónica, puesto que, como hijo y nieto, es hombre de guerra, además de usurpador, de igual forma que después Artemio, de los bienes de los humildes campesinos indios.

Pasando del capítulo de los ascendientes al de los descendientes nos hemos de fijar necesariamente en Lorenzo, el completador del destino de Artemio, su doble, la otra cara de la misma moneda, y por ello en conexión directa con Artemio Cruz y con su nombre. La identificación entre ambos es constante; Artemio, mirándolo, se ve a sí mismo: «te dirás que ya es la imagen de tu juventud, esbelto y fuerte, moreno, con los ojos fuertes hundidos en los altos pómulos...... caminarán... a lo largo del puente de arena que conduce al mar al mar libre, Lorenzo, Artemio, al mar abierto,...» (226). Con Catalina, Regina y Laura es el personaje que Artemio más recuerda, al que más espacio le dedica en su memoria, y siempre con dulzura y amor, sin acusaciones, ni explícitas ni veladas, lo mismo que ocurre con Regina o con Laura. Estas dos y Lorenzo son sus tres indiscutidos amores diáfanos, a cada uno de los cuales no sólo los recuerda en el presente y en el «ayer,» sino que les dedica sendos capítulos del pasado, apareciendo sus episodios en el mismo número de orden (3, 8 y 9) en el texto tal como se nos presenta («sujet») cronológicamente desordenado, y en la «historia,» abstracción organizada cronológicamente por el lector.[25] Esta identidad entre Lorenzo y Artemio es posiblemente el motivo que más se repite en la obra: «Sí, aquel último día tú y él estuvieron juntos—entonces no vivió aquello él por ti, o tú por él, estuvieron juntos—en aquel lugar. El te preguntó si iban juntos hasta el mar; iban a caballo; te preguntó si irían juntos, a caballo, hasta el mar» (166). Pero sobre todo, esa identidad se nos transmite mediante la frase omnipresente con la que Artemio continuamente lo recuerda hermanándose con él como con ningún otro personaje de la novela: «Cruzamos el río a caballo»:[26] Frase que se halla en parte presente en el nombre de Artemio Cruz. Otra vez jugando con sus letras, hallamos en el nombre las palabras *cruzar* y *río*, e incluso podríamos llegar a *Te Cruzam(os) Río*, añadiendo únicamente dos letras a las once del nombre.

Aquella frase tan repetida por Artemio parece dirigirse a Catalina, quien lo acusa de haber apartado de ella al hijo, siendo con ello causa de su muerte. Los primeros pasos de Lorenzo se realizaron bajo la cuidadosa y protectora mirada materna. Pero, cuando el hijo llegó a los albores de su pubertad, Artemio se lo llevó consigo a Cocuya para entrenarlo en la lucha. Catalina esperaba temerosa. Lorenzo ama a la madre y al padre y teme el paso que tal vez lo separe de ambos. Su padre lo educó para la lid y su madre en el cristianismo. La combinación de ambos factores lo lleva al combate por una causa heroica e idealista, que es el camino que Artemio no tomó, en parte por faltarle una madre como Catalina y a pesar de que Lunero y el Padre Sebastián cubrieran aquel vacío materno. El padre desea y teme a la vez que el hijo cruce. Lo mismo ocurre con Catalina, a pesar de que después de que Lorenzo muera, acuse a su marido. Ella también deseaba y temía el «cruzar» del hijo, y de ahí la ansiosa pregunta a su Dios cuando Lorenzo le pide su aprobación, encontrándose ella ante la tesitura de exponer a su hijo al martirio: «Dios mío, ¿por qué te pregunto esto? No tengo derecho, en realidad no tengo derecho... No sé, de hombres santos... de verdaderos mártires... ¿Crees que se puede aprobar?... No sé por qué te pregunto...» (226). «Cruzamos el río a caballo»: el ensayo tiene éxito. Y Lorenzo pone en práctica lo que todos temen y cruza el mar para luchar en España contra los fascistas y en apoyo de un frente popular que defiende el derecho a que su voto se respete. *Artemio Cruz*, el nombre, nos habla también de eso, pues sus once letras articulan una nueva frase: *Temió Cruzar*.

Sin embargo, los héroes mueren; lo mismo que los mártires; el temor de Catalina se cumplió y también el de Artemio. Pero Lorenzo le descubrió su otro destino, el que él hubiera seguido si no hubiera «chaqueteado.» El mayor Gavilán, el mayor gavilán, ave de rapiña por excelencia, le había mostrado el verdadero camino para triunfar: «somos hombres, no mártires: todo nos será permitido si mantenemos el poder: pierde el poder y te chingan... ¿para qué peleamos?: ¿para morirnos de hambre?» (124). Ese camino de rapiña, se halla, aunque sea con alguna irregularidad ortográfica y fónica, en las once letras del nombre, *Urtar Mézico*, comenzando por ciertos «terrenos baldíos en las afueras de la ciudad,» (138) ya que más importante que el «bien posible para la patria» es «nuestro bienestar personal» (124). Artemio es de los «Hombres,» como se dice en el segundo epígrafe de Calderón, y sigue el credo que le enseñó el mayor: «cuando es necesario la fuerza es justa: el poder no se comparte» (124). Lorenzo, en cambio, es de los «mártires» que persiguen el ideal aunque éste lleve a la muerte. Mientras Artemio elige a Regina, elige el reinar, como su nombre indica, por esclavizante que sea—Regina como la Malinche es reina y esclava—, Lorenzo se decide por Dolores, por el camino del dolor. Artemio eligió la otra vía, pero en él había potencial para escoger ésta y se lo transmite a su hijo. No en vano en la sopa de letras de su nombre encontramos una de las palabras que define a su hijo, *Mártir*.

Pero Lorenzo no es un mártir cualquiera, es precisamente Lorenzo, su nombre; acepta su martirio con una sonrisa, a pesar de ser consciente de la derrota de su lucha, pero no de su causa de libertad; el tirano triunfa momentáneamente, pero a la larga la libertad renacerá gracias a esa fértil sangre derramada.[27] Por eso, satisfecho, dice a su padre por carta: «nunca olvidaré esta vida, papá, porque en ella aprendí todo lo que sé» (240). Por todo ello, el nombre del hijo es, muy apropiadamente, Lorenzo, nombre cuyo sentido ya se halla en el de *Artemio Cruz*, o sea en sus once letras, *Cuezo*—cocer como sinónimo de tostar—*Mártir*, o bien, en palabras de Luis Martín-Santos al final de *Tiempo de silencio*, «sanlorenzo era un macho, no gritaba, no gritaba, estaba en silencio mientras lo tostaban torquemadas paganos.»[28]

Decíamos al principio que el nombre *Artemio Cruz* era una concentración del texto, de los epígrafes y del título. Hemos venido mostrando en parte esa condensación del texto y de sus nombres en el de *Artemio Cruz*, puesto que «la personne n'est qu'une collection de sèmes (mais à l'inverse, des sèmes peuvent émigrer d'un personnage à un autre. . . Le nom prope permet à la personne d'exister en dehors des sèmes, dont cependant la somme la constitue entièrement...).[29]

Finalicemos concretizando el paralelismo con título y epígrafes, como «pre-textos» todos ellos de la obra. Mostrábamos en el primer epígrafe y principio del título, su referencia al tema central de la obra: la muerte; y hemos hablado ya de la importancia de esa palabra en el nombre, originada genéticamente en Atanasio e Ireneo; hallamos en la descomposición del nombre palabras como *morir, muerto, muerta, muera,...* Si combinamos las once letras nos topamos con frases como la ya estudiada de *Muera Crizto*; u otra, cual *Morir Cuatez*, en relación directa con el capítulo en el que Artemio cambia de bando, «chaquetea» para poder sobrevivir, aconsejado por «el gordo»—«pero si es de lo más fácil, mi *cuate*» (129)—, acompañado en la defección por «los amigos, los hermanos, los *cuates*» (133), y ayudado por los nuevos aliados a conseguir ciertos favores para la adquisición de «terrenos baldíos en las afueras de la ciudad..., porque después de todo ya eran *cuates*, ya eran hermanos» (138) (los subrayados son nuestros). En el camino quedaron el soldado sin nombre, el yaqui Tobías, Gonzalo Bernal, el Padre Pro,... y otros muchos antiguos cuates. Porque Artemio Cruz lleva la muerte escrita no sólo en las acciones que nos transmite el texto sino en su mismo nombre; porque esa atracción a la muerte domina a Artemio Cruz tanto en sus acciones voluntarias como en las involuntarias; porque esa muerte es parte de una herencia paterna que a Artemio Cruz le persigue fatídicamente y que se materializa de forma infinitiva, imperativa, no sólo en sus enemigos sino también en sus amigos y compañeros, en sus cuates: *Morir Cuatez*.

Con ello Artemio no hace más que seguir la vía natural que Gorostiza mostraba en *Muerte sin fin*:

> sí, paso a paso, muerte a muerte, locos,
> se acogen a sus túmidas matrices,
> mientras unos a otros se devoran
> al animal, la planta
> a la planta, la piedra
> a la piedra, el fuego
> al fuego, el mar
> al mar, la nube
> a la nube, el sol...[30]

O tal vez podríamos ir a los prolegómenos de la obra, como ocurre en la antepenúltima narración en segunda persona (274-279), a los tiempos de la conquista española y la tragedia india—*Aztec Mur(r)ió,* que dice una nueva articulación de *Artemio Cruz*—, a los tiempos en que Moctezuma desapareció—*Moctezu(m)a Ir(r)* nos dice ahora el nombre—dejando su lugar a Cortés. Pero también éste es arrasado por la orgullosa Castilla muriendo en la incomprensión y en la desgracia, según se nos manifiesta en *Todos los gatos son pardos* o en nuestro nombre: *Cortez Muría*; Artemio Cruz, nombre y obra, es una historia de muerte.

En un segundo paso, hablábamos del protagonista, el «hombre» y el nombre, y de su actuación partiendo de un epígrafe de *El gran teatro del mundo*. Ya hemos adelantado a! hablar de Lorenzo, el interés de Artemio en actuar como «hombre» y no como «mártir.» Volviendo al juego del «boggle» descubrimos también las palabras *actúo* o *actué*, que nos hablan de esa representación del epígrafe o del 'dar' (*dé*) de la tercera palabra del título. Como sabemos se trata de una actuación despiadada y destructora; *Artemio Cruz* es *azote*, llega a la cumbre dejando una secuela de muertes; la gente lo respeta y lo teme como observamos en la noche de San Silvestre y en toda la novela. Llega a ser un Dios «temido y odiado.» Su actuación *Zurcía Temor,* según nos indica un nuevo montaje de las once letras de su nombre, o, limitando el número de sus letras es un *marte*, un activo dios de la guerra. Su mismo nombre Artemio nos recuerda a la diosa griega Artemis, divinidad de la caza; Artemio enseña a Lorenzo a cazar y es maestro en la caza de fortunas. En este examen etimológico de su nombre, podríamos también investigar un origen griego como en Atanasio e Ireneo; y así hallamos el ajetivo $\overset{\backprime}{\alpha}\rho\tau\epsilon\mu\acute{\eta}\delta$, que significa «sano y salvo»: ajustándose en verdad ese adjetivo a la realidad, pues en su actuación y elecciones siempre se expone, moviéndose en medio del peligro como pez en el agua y saliendo siempre no sólo «salvo» e indemne sino «sano» y «triunfante.» Otra de las palabras griegas en relación con su nombre es $\overset{\backprime}{\alpha}\rho\tau\eta\mu\alpha$, es decir, «peso»; en ese sentido Artemio puede ser sinónimo de Cruz, acentuando esa nota de «carga» en el mundo por él dominado, que nos deja.

Para las referencias al tercer epígrafe en conjunción con el nombre, bástenos remitir al capítulo anterior, ya que en este caso título y nombre coinciden: *Arte Mío*. Lo mismo podríamos decir del último epígrafe y título o nombre: *Cruz*; añadiendo en este caso una llamada a lo dicho no hace mucho espacio sobre el nombre de la madre de Artemio.

Habíamos señalado que en el tercero y cuarto epígrafes se hacía una llamada de atención a las técnicas de «punto de vista» y del tiempo, que examinaremos con más detenimiento más adelante. El *Arte-mío* consistía en expresar su propio yo mediante un tiempo mental propio y un «punto de vista» único, el del Yo-presente; pero continuábamos y seguiremos diciendo que para expresar ese Yo, había que diversificarlo, al menos aparentemente, en tres protagonistas, tres «puntos de vista» y tres tiempos que al cruzarse ofrecían al lector, en simulacro de objetividad, el mundo interior y el medio social de Artemio en el presente y en el pasado cercano y lejano, lo que en nuestra última combinación completa de las letras de ese nombre, de *Artemio Cruz*, parece clarividentemente expresado al lector por ese narrador, protagonista, nombre y mundo total de la novela: *Crúzame trío*, o bien, *trío me cruza*. En busca de una nueva exploración artístico-literaria y por medio de la mediación—en ciertos casos engañosa—del signo narrativo, el autor implícito y/o el narrador tratan de identificar significante y significado, unificación que aparece reflejada en el nombre del protagonista.

Sin duda existen otras muchas posibilidades de articulación formal y semántica del nombre y de los nombres sin apartarse del texto como base de esas probabilidades, pues cada vez que se lee la novela emanan de ella múltiples y ricos sentidos; nos contentaríamos con haber abierto nuevas vías para su comprensión. Vemos en *La muerte de Artemio Cruz* una fuente perenne y creemos que el secreto de esa inagotabilidad se halla en y forma parte de su excelencia artística.

Apenas hablamos de Laura más que por ser uno de los tres grandes y auténticos amores de Artemio—*amor* es otra de las palabras que entresacamos de ese nombre—, lo que por otra parte queda sugerido por su nominación petrarquiana. En cuanto a Catalina, podríamos examinar el santoral —Catalina siempre se preocupa por la religión—, o tal vez recordar aquella canción de Santa Catalina, «The Island of Romance,» o incluso volar al diccionario griego y encontrar «ατατλίνω , que significa en voz pasiva «acostarse,» lo que tal vez pueda recordar al lector aquel «me dejé ir» (92, 93, etc.) de sus pecados...[31] Aun pudiéramos aludir a su padre don Gamaliel, aquel viejo cacique chapado a la antigua en quien en equívoca base, cortés pero beligerante, benigna de apariencia pero maligna de fondo, aparecen nupcialmente unidos el poder terrenal y los intereses «espirituales» de la Iglesia: tal esencia caracteriológica se halla ya presente en su nombre, cuyo lexema de origen griego ($\gamma \acute{\alpha} \mu o \delta$ = matrimonio) aparece calificado por un morfema desinencial propio de los dulces y dignos ángeles guerreros de la Luz y de las Tinieblas: «Dios castiga la rebeldía y Luz*bel* siempre es vencido por los arcángeles—Rafa*el*, Gabri*el*, Migu*el*, Gamali*el*... Gamali*el*» (46). Pero lo dejamos todo ello al lector en un paralelo dinámico a la obra, en su dialéctica entre lo dicho y lo, aunque sugerido, no dicho.

De cualquier forma, creemos, haber mostrado la importancia de ese nombre, Artemio Cruz, como comprensión de la novela, de su mundo y de sus personajes. Ciertamente no yerra nuestro entrañable compañero de juego, el texto, cuando afirma de Artemio Cruz ser el «universo encarnado,» que permanecerá en su nombre; «Artemio Cruz, nombre,» quizás de apariencia compleja y caótica, de igual forma que la estructura de la novela,[32] pero que en realidad es de un orden básico y completo, de escuela de párvulos, como las cinco vocales de nuestro alfabeto que en su totalidad y ordenadamente aparecen en su nombre: A,E,I,O,U: ArtEmIO crUz.

Tal vez podría aducirse en lo hasta ahora dicho una posible condición de azar y coincidencia en estos análisis generativos a partir de los citados «pre-textos» e intertextualidades; sin embargo, citando, como hacíamos en la Introducción, palabras de Bruce Morrissette, «we no longer deal with principles that may have functioned only unconsciously, if at all, in the author's elaboration of his work, but with an intentional 'deep structure' which the critic (or, in some cases, the author) may reveal.»[33] Creemos haber descubierto y mostrado esa «estructura profunda,» aquel autoreflejo mimético, diegético y lingüístico del «narcisismo encubierto» hutcheoniano, a partir de los sutiles indicios que Fuentes nos ofrece de cubierta a cubierta de la obra. Al fin y al cabo, en palabras de Gorostiza, «bajo el conjuro poético [*La muerte de Artemio Cruz* es también poesía] la palabra se transparenta y deja entrever,... ya no lo que dice sino lo que calla.»[34]

NOTAS

1.   Manuel Pedro González, «Acotaciones a *La muerte de Artemio Cruz*,» en *Coloquio sobre lo novela hispanoamericana*, ed. Ivan A. Schulman et al. (México: Fondo de Cultura Económica, 1967), 95.

2.   Paul Di Virgilio, «*La muerte de Artemio Cruz*: The Relationship between Innovation in the Role of Personal Pronouns in the Narrative and Reader Expectancy,» *Revista Canadiense de Estudios Hispánicos*, V, 1 (otoño 1980), 99.

3.   Véase John Barth, «The Literature of Exhaustion,» *The Atlantic Monthly*, 222 (August 1967), 29-34.

4.   Bruce Morrissette, art. cit., p. 254 y sgtes. Véase también nuestra Introducción.

5.   Roland Barthes, *S/Z*, 98-99.

6.   *Ibid.*, p. 100.

7.   Jonathan Culler, op. cit., 333.

8.   Barthes, *S/Z*, 102.

9.   El «boggle» es un juego competitivo en que, dentro de un tiempo limitado marcado por un reloj de arena, varios jugadores tratan de formar el mayor número de palabras posible, a partir de las letras que, ordenadas al azar, se hallan contenidas en un cuadro reticular.

10.   Debe referirse Borges a los Nambikwara, «pequeña banda de indígenas nómadas que están entre los *más primitivos* que puedan encontrarse en el mundo,» según Lévi-Strauss en sus *Tristes tropiques*, críticamente analizados en lejana relación con nuestro asunto por Jacques Derrida, en «La guerra de los nombres propios,» en *De la gramatología*, 2ª ed., Trad.? (México: Siglo XXI, 1978), 140-154.

11.   Véase Borges, *Otras Inquisiciones*, pp. 161-162.

12.   Gabriel García Márquez, *Cien años de soledad* (1967; rpt. Barcelona: Plaza y Janes, 1975), 44-50.

13.   Véase Montaigne, op. cit., capítulo XLVI: «Des noms,» I, 311.

14.   En mi estudio «La auto-consciencia literaria: Reivindicación hispánica,» en H.L. Boudreau and Luis González-del-Valle ed. *Studies in Honor of Sumner Greenfield* (Lincoln: SSSAS, University of Nebraska, 1985), pp. 202-203, rastreo anagramáticamente la importancia de ese nombre, proveniente directamente de la auto-

consciencia unamuniana por la nominación, y, en Liduvina—«Ludivina», «Luz divina»—protagonista de «Una historia de amor».

15. Montaigne, op. cit., I, 83.

16. Véase E. Rodríguez Monegal, «Carlos Fuentes,»..., 62.

17. Véanse C. Wright Mills, *The Power Elite* (New York: Oxford Univ. Press, 1956); G. William Domhoff and Hoyt B. Ballard ed., *C. Wright Mills and «The Power Elite»* (Boston: Beacon Press, 1968); Irving Louis Horowitzs ed., *The New Sociology: Essays in Social Science and Social Theory in Honor of C. Wright Mills* (New York: Oxford Univ. Press, 1964).

18. Extraordinariamente esclarecedor es en este aspecto el capítulo sobre «*La muerte de Artemio Cruz*» de Wendy B. Faris, en *Carlos Fuentes* (New York: Frederick Ungar Publishing Co., 1983), especialmente las páginas 48-59.

19. Octavio Paz, *El laberinto de la soledad*, 10ª reimpresión (México: FCE, 1982), 32.

20. Borges, *Otras Inquisiciones*, p. 61.

21. Véase J. Culler, op. cit., 33-39.

22. *Ibid.,* 154-155.

23. Barthes, op. cit., 101-102.

24. René Jara, art. cit., 189.

25. Véase el cuadro de nuestro Apéndice.

26. Gyurko, «*La muerte de Artemio Cruz* and *Citizan Kane*...,» estudia esta frase como uno de los dos «leitmotivs» más importantes de la obra, en pp. 69 y sgtes.

27. San Lorenzo murió en Roma el año 258 bajo persecución del emperador Valeriano. Fue martirizado a fuego lento sobre una parrilla—la historia eclesiástica no dice en este caso si a manos de «caproni» como en nuestra obra, aunque lo sugiera—; es legendaria la aceptación sonriente de su suplicio y la invitación a sus verdugos a darle la vuelta para ser tostado por ambas partes; así lo hicieron aquéllos—Martín Santos dice que por simple cuestión de simetría estética—y al santo aún le quedaron arrestos para invitarles a condimentarlo y a darse un botín con su cuerpo. Su fiesta se celebra el diez de agosto.

28. Luis Martín-Santos, *Tiempo de silencio* (Barcelona: Seix Barral, 1961), 240.

29. Barthes, *S/Z*, 196-197.

30. Gorostiza, op. cit., 140-141.

31. Esa continua repetición entrecomillada de Catalina («me dejé ir»), reflejo de su lucha interior contra la entrega a Artemio, nos recuerda una prolongada situación similar de Ana Azores en *La regenta*, expresada en una ocasión con estas sugirientes palabras: «Ana procuraba ahogarlo, y como engañándose a sí misma, la voluntad tomaba la resolución cobarde, egoísta, de 'dejarse ir.'» Leopoldo Alas, «Clarín,» *La regenta* (Madrid: Alianza, 1975), 340.

32.   Véase la nota 3 del capítulo anterior. Son muchos los críticos que defienden la estructura ordenada de la novela. Añadamos a los autores citados, a Edith Hammerly, «Estructura y sentido en *La muerte de Artemio Cruz*, de Carlos Fuentes,» *Explicación de textos literarios*, IV, 2 (1975-1976), sobre todo, 210-212; o Donald L. Shaw, «Narrative Arrangement in *La muerte de Artemio Cruz*,» *Forum for Modern Language Studies*, XV, 2 (April 1979), quien afirma en resumen que «the narrative organization of *La muerte de Artemio Cruz*... represents the triumph of a conscious artistic intention over a conventional arrangment of episodes» (143).

33.   B. Morrissette, art. cit., 260.

34.   Gorostiza, op. cit., 10.

CAPITULO III

EL «PUNTO DE VISTA»

Moi seul, je sais ce que j'aurais pu faire...
Pour les autres, je ne suis tout au plus
qu'un peut-être.

Stendhal, *Rojo y negro*

1. *La importancia de la técnica:*
Ortega y Gasset en el «punto de vista» y la distancia

Carlos Fuentes parece plenamente consciente de un hecho moderna-
mente destacado por la crítica: la importancia de la técnica para la realiza-
ción de un trabajo literario.

Este interés por la técnica nos consta en *La muerte de Artemio Cruz*,
no sólo en la interpretación de los «pre-textos»—que ponen de relieve la
preocupación del autor por el «punto de vista» y el tiempo—, sino también
por la peripecia misma de la situación tratada en la novela, con la que, en
concreto, se llama la atención sobre la importancia del «punto de vista.»
Ambos, pues, «pre-textos» y situación, apoyan nuestra afirmación del especial interés de Fuentes en la técnia artística del «punto de vista.»

Carlos Fuentes, en cuanto a la situación base, parece partir del ejemplo empleado por José Ortega y Gasset en *La deshumanización del arte*,
cuando precisamente trata del «punto de vista» y la distancia, en aquel tercer apartado que reza: «Unas gotas de fenomenología.» Tenemos en el
ejemplo de Ortega [como en *La muerte de Artemio Cruz*], «un hombre il-
ustre que agoniza [Artemio], su mujer que está junto al lecho [Catalina],
un médico que cuenta las pulsaciones del moribundo [el doctor que lo examina y el grupo de facultativos que opera a Artemio] y en el fondo de la
habitación otras dos personas: un periodista, que asiste a la escena obitual

por razón de su oficio [recuérdese a Pons], y un pintor que el azar ha conducido allí [tal vez pudiéramos pensar en Padilla y su gravadora].»[1] Pudieran existir otros periodistas—no olvidamos el periódico de su propiedad—y pintores en *La muerte de Artemio Cruz*, pero en este caso es además Carlos Fuentes quien precisamente se esconde «en el fondo,» guardando una distancia apropiada, y diversificado como «pintor» y «periodista» en el «narrador,» y aún más lejos, el «autor implícito,» que mueven los hilos de la narración. En la situación de Ortega, «esposa, médico, periodista y pintor presencian un mismo hecho. Sin embargo, este único y mismo hecho—la agonía de un hombre—se ofrece a cada uno de ellos con aspecto distinto.»[2] Ortega y Gasset examinaba los «puntos de vista» diferentes de mujer, médico, periodista y pintor, y su distancia que varía gradualmente hasta llegar a un «maximum de distancia» y a «un minimum de intervención sentimental» en el pintor; «los grados de alejamiento . . . significan grados de liberación en que objetivamos el suceso real, convirtiéndolo en puro tema de contemplación,»[3] alejándose así progresivamente de la «realidad vivida» de forma «inhumana.» En el polo opuesto al pintor, se halla la mujer que representa el «punto de vista humano,» en quien se capta la «realidad humana» gracias a la corta distancia espiritual y la consiguiente proximidad sentimental. «La mujer . . . no la contempla [la escena], sino que la vive.»[4]

Fuentes, sin embargo, desarrolla el «punto de vista» olvidado por Ortega, el del moribundo, quien es el que más intensamente vive el acontecimiento, pero que a la vez se erige en el, aparentemente, frío observador, que contempla con la distancia del recuerdo su propia vida. Ese «punto de vista» del moribundo, del Yo actual de Artemio, engloba y supera los «puntos de vista» observados por Ortega y Gasset, diversificándose ese narrador de 1ª persona en narrador proteico que nos ofrece el «punto de vista,» o bien de su «mujer» (en la narraciones de las escenas de Catalina), o bien de una especie de «médico» moral o autoconciencia (en el narrador de los episodios de segunda persona), o bien de cierto «periodista» (en el narrador de los recuerdos), erigiéndose así en un narrador-«pintor» único que engloba, como más tarde demostraremos, «pseudo-puntos de vista» distintos, que en realidad son el «punto de vista» único de Artemio-yo-presente. Se ha tildado de incongruente por algunos críticos la narración de los episodios de Catalina, por considerar que en ellos existe un narrador distinto al del resto de la novela;[5] pero de hecho tras esa pseudo-narración de Catalina se esconde el mismo narrador proteico que mediante ese artificio nos quiere mostrar una mayor apariencia de objetividad, ofreciéndonos el «pseudopunto de vista» de la mujer; en realidad, por la pseudo-narración de ella se justifica la actuación de Artemio, al presentársenos a sí mismo como personaje más preocupado por apariencias y comodidades, lo que desencadenará en Artemio la marcha a otros derroteros de actuación, que, aunque lamentables, parecen estar suficientemente justificados por el aparente comportamiento que de ella se nos ofrece a través de ese «punto de vista» interesado de Artemio y no de Catalina.

En el caso de las narraciones de segunda persona, el Tú se constituye en una especie de médico moral del Artemio-presente; es el Tú la conciencia de Artemio que le aconseja y ordena, como explicaremos, en un pasado proyectado hacia el futuro del presente; el Tú, en un futuro de mandato, prescribe recetas en contacto con una escuela de medicina espiritual bíblica y apocalíptica. También ese tipo de narrador parece poder rastrearse en Calderón, cuando en el III acto de *El príncipe constante* dice Don Fernando: «Hombre . . . tú eres tu mayor enfermdad.»

El narrador de las secciones en tercera persona es el periodista que escoge los recuerdos para interesar y conmover al lector, aparentando «que no participa sentimentalmente en lo que allí acaece.»[6] Sin embargo, adivinamos en el fondo al mismo narrador-Artemio, en esta ocasión más retirado, quien nos presenta hechos y puntos de vista sobre su propia vida pasada que justifiquen su ser presente.

Así pues, lo que Carlos Fuentes hace en esta novela es tomar el «punto de vista» olvidado por Ortega y Gasset, el del moribundo, mostrando que un «punto de vista» en que la distancia no sólo es mínima como en el caso de la mujer, sino inexistente, se puede producir una obra de «arte artístico» a la par que «humano,» centrando además el interés y la atención de la «historia» no en su propia «agonía» sino en su *muerte*. Para llegar a ello, no es que Fuentes mienta al lector, no, sino que finge y juega con él, como el mismo Ortega había aconsejado; Artemio se «deshumaniza» a sí mismo, y, metiéndonos gato por liebre, se introduce como narrador único «humano» e «inhumano,» y de esa forma (parafraseamos a Ortega), gusta tanto a la «minoría selecta» como a la «masa que cocea.» Si en *Las buenas conciencias* no había logrado superar completamente el modelo narrativo galdosiano, en este caso, tres años después, consigue nuestro autor trascender el modelo gracias a una comprensión más profunda del arte de ficción. Descubre Fuentes la ficción pura, de forma que cuando Artemio parece ofrecer los «puntos de vista» de la mujer, del médico, del periodista que relata la vida del moribundo, nos ofrece un «punto de vista» único, el subjeti-

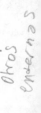

vo del propio «obituante,» como «pintor» que, más o menos desapasiona-
damente, la contempla.

2. *Una técnica sintética, consciente, compleja, precisa, «realista»*

En *La región más transparente* tiene Fuentes problemas en el dominio
de la técnica a causa de la complejidad de la trama y de su mismo carácter
innovador. En *Las buenas conciencias* alcanza el dominio de la trama sim-
plificándola y mediante una técnica «tradicional-galdosiana,» como el mismo Fuentes reconoce,[7] y sin meterse en demasiadas complejidades e inno-
vaciones.

Después de la práctica de esas dos primeras novelas, consigue en *La
muerte de Artemio Cruz* dominar la intriga no mediante la sencillez sino
con la aplicación de una técnica compleja y apropiada, de naturaleza sintética, más que «híbrida» como defiende Manuel Pedro González.[8] En este
aspecto es, pues, técnica experimental—con deudas, cual dice Keith Botsford,[9] en la tradición extranjera—y diversa—como afirma Alone.[10] Pero,
en oposición al parecer de esos tres críticos, pensamos que ni existe «enre-
vesamiento convulsivo» (Alone), ni antinaturalidad y falta de unidad
(Botsford), ni injerto faulkneriano y joyciano falto de originalidad (M.P.
González), sino que Fuentes crea una obra maestra original mediante una
técnica sintética de sello personal, lo que trasciende las múltiples técnicas de
las que es deudor.[11] En verdad que estamos de acuerdo con Fuentes cuando afirma que ha «asimilado las influencias.»[12] En entrevista sostenida con
Emir Rodríguez Monegal, nuestro autor enfatiza la importancia de abrirse
fronteras y ganar perspectiva con una emigración cosmopolita, lejos del
«aislamiento chauvinista [que] hace juego a nuestros verdaderos enemigos
internos y externos.»[13]

Mostramos ya en el primer capítulo que en dos de los cinco epígrafes
que encabezan *La muerte de Artemio Cruz*, llama la atención Fuentes sobre dos aspectos técnicos de su novela que avanzan interrelacionados:
«punto de vista» y tiempo.[14] En el primero de aquellos epígrafes, con el
que encabezamos el presente capítulo hace una llamada al problema de la
expresión lingüística y a la dificultad de hacerse comprender por los demás,
que, como meros expectadores, no tienen por qué participar en la propia
vivencia.[15] Para llegar al lector ha de valerse del «punto de vista restringido
o limitado» de la mente del propio personaje narrador y protagonista, es
decir, a través del YO-Artemio, que «soy el único que sé lo que hubiera po-

dido hacer»: y, de ahí, que el resultado sea un *Arte-mío*, como rezan también el título y el nombre. En palabras de Carlos Fuentes, el crítico,

> *La muerte de Artemio Cruz* es la historia de un destino personal, intrasferible que se cierra con la muerte del protagonista.
> . . . Se trata de un diálogo de espejos entre las tres personas, entre los tres tiempos que forman la vida de este personaje duro y enajenado.[16]

Pero no existen en castellano tiempos gramaticales semánticamente capaces de expresar la dimensión psicológica cronológico-espacial de Artemio; por ello, con el fin de abarcar presente, pasado y futuro, entendimiento, memoria y voluntad, Fuentes se sirve de un inteligente artificio que nos anuncia en el cuarto epígrafe de la novela: «... de mí y de El y de nosotros tres ¡siempre tres! ...» (7). Es decir, toda la dimensión cronológico-espacial («siempre») y psicológica del protagonista se conquista diversificando el narrador «restringido» en tres formas esenciales diferentes que abarquen todo el campo semántico del protagonista uno—Artemio—y trino—el Artemio del presente, el del pasado-futuro y el del pasado; el Artemio de la «consciencia,» la inconsciencia y la memoria.[17] A cada uno de esos tres protagonistas formales se corresponde un narrador, que—formalmente escondido bajo las formulaciones narrativas de primera, segunda y tercera personas—aparenta ser diferente, aunque en realidad es el narrador-protagonista único, Yo-Artemio. Ya hemos visto cómo intertextualidades, epígrafes, título y nombres se constituyen en generadores de las estructuras técnicas de la ficción.

Gerald W. Peterson ha estudiado con cierta minuciosidad el «punto de vista» y el tiempo. Su acercamiento es más bien anecdótico, puesto que más que un análisis temporal, realiza una cita y relación de fechas; defiende además un «orden cronológico invertido» en las narraciones de tercera persona que, «texto» artemiano delante, no acabamos de comprender. Por otra parte habla de un tiempo psicológico de las narraciones de primera y segunda persona, con lo que la de tercera no deja de constituir un desgarramiento de la novela, pues la cree, por hablar de cosas «que Artemio no puede saber,» de un narrador omnisciente y objetivo.[18] Como iremos mostrando, existe omnisciencia, pero no objetividad; y en la totalidad de las narraciones nos hallamos con un tiempo psicológico.

La complejidad de niveles en *La muerte de Artemio Cruz* hace necesaria una técnica complicada, pero precisa: «A passionate private vision finds its objectification in exacting technical search,» dice Mark Schorer.[19] Según dicho crítico este elemento de la técnica, esencial en la novela, conlleva los dos aspectos en que hemos dicho se fija Fuentes. El primero de ellos es el del lenguaje y el segundo el de los usos del «punto de vista,» marcados por la selección, la estructura, la distorsión, la forma y el ritmo impuestos al mundo de la acción.[20]

Para llevar a término su relato, Carlos Fuentes selecciona tres narraciones principales, estructuradas de forma alternativa siguiendo una lógica mental profunda. Desde esta perspectiva no sería justo hablar de distorsión, puesto que la acción nos viene filtrada siempre a través de la mente del narrador-protagonista; los acontecimientos se nos presentan en el mismo orden en que se desarrollan en la mente, quien es la que distorsiona los sucesos. Como hemos apuntado antes, se podría hablar en este sentido de una técnica «realista,» ya que la realidad de la novela refleja un estado o «realidad» mental. George Levine habla de la naturaleza inagotable y perpetuamente cambiante de la realidad.[21] No se puede dar a la realidad una naturaleza estable, como pretendían en el XIX, reflejo exacto y auténtico de la vida. Artemio mismo nos sugiere lo defectuoso del reflejo, cuando se observa «reflejado en las incrustaciones de vidrio de una bolsa de mujer» (9). Su imagen no es completa: «Soy este ojo. . . . Párpados. . . . Soy esta nariz. . . . Pómulos. . . . Mueca» (9); la imagen desaparece ante la presencia de una fuerza superior; y cuando se busca en el recuerdo, éste aparece más distorsionado aún en un bello cuadro cubista: «trata de recordarlo en el reflejo; era un rostro roto en vidrios sin simetría, con el ojo muy cerca de la oreja y muy lejos de su par, con la mueca distribuida en tres espejos circundantes» (10). Parece que se nos está hablando de la imposibilidad de transcribir la realidad. Lo que se busca es, pues, iluminar, recrear y transcender esa realidad mental mediante un medio lingüístico limitado que inevitablemente ha de influir sobre el asunto.

No obstante, la disposición significativa de los episodios, según muy acertadamente observa Nelson Osorio, no obedece a una simple subordinación de los «impulsos asociativos del subsconsciente,»[22] sino, como defenderemos, a una ordenación causal magistralmente manejada por Fuentes. Enrique Anderson-Imbert notó ya la importancia del «proceso mental» en los personajes de Fuentes, pero pensaba que los episodios de las memorias de Artemio se nos presentaban de acuerdo con los caprichosos cambios de mentalidad del moribundo;[23] Benedetti, Jara y Osorio han destacado que la «apariencia caótica» y confusa es reflejo de la aparente condición caótica de la realidad.[24] Pero no podemos olvidar que esa realidad caótica nos llega filtrada a través del proceso mental de Artemio, triple protagonista y narrador múltiple, «limitado» y omnisciente a la vez y aparentemente objetivo, quien liberta la información sobre su vida de una forma cronológicamente desordenada. No obstante, pensamos que sí que existe un orden, ya que en ese proceso mental el acontecer cronológico propio del mundo exterior espacial es sustituido por el suceder lógico y atemporal del mundo interior psicológico en que lo que importa son los motivos y las causas. Así, el narrador-protagonista presenta su vida a sí mismo y al lector en un orden causal que subjetivamente justifica ante sí mismo y ante el lector su actuación vital. No comulgamos, pues, con la caprichosidad de que habla Anderson-Imbert.

Con todo ello, estamos adelantando pensamientos que nos corresponderá desvelar al hablar del tiempo. No obstante, se trata de un hecho intencionado con el que intentamos mostrar la dificultad de separación entre el «punto de vista» y el tiempo, pues ambas técnicas forman parte del sistema de engranajes de un moderno y avanzado aparato de relojería, ciudadosamente orquestado en una unidad formada de esos elementos funcionales, inseparables para el perfecto funcionamiento del artilugio, es decir, de la novela, que en nuestro caso, por sus engranajes técnico-literarios, adquiere naturaleza artística. Sin embargo, compelidos por las necesidades de claridad metodológica y crítica, hemos de dejar de momento la rueda temporal, para observar tan aisladamente como nos sea posible el rodar del «punto de vista.»

Así pues, como íbamos diciendo, Fuentes se sirve de la técnica para intentar expresar, con el lenguaje de que dispone, ese proceso mental. En este sentido se puede decir que en *La muerte de Artemio Cruz*, la «fábula» u ordenamiento cronológico-causal aparece distorsionada, sujeta a las manifestaciones del «punto de vista,» forma artística de deformación mediante la que Fuentes cambia el orden, postulando diferentes narradores o un narrador en varias formas o actitudes, para realizar así un orden de presentación de motivos, que hace variar su significación, peso y colorido. Tres narradores se constituyen, como ya apuntamos, en protavoces de la personalidad de Artemio Cruz desde su nacimiento al momento inmediatamente anterior a su muerte.

3. *Artemio: «un» protagonista «trino»*

Nos hallamos al principio de la novela con un personaje en un proceso de lucha entre la vida y la muerte. El personaje en agonía pasa por momentos de «consciencia,» que nos son ofrecidos por el narrador en primera persona. A esos momentos de lucidez siguen periodos de «medio sueño» (61), y «penumbra» (13), en los que en segunda persona se nos narran estructuras más profundas de la mente humana, del subconsciente en la inconsciencia.[25] De ahí se pasa a un tercer nivel de la novela representado por las memorias que se nos transcriben en las narraciones en tercera persona. Este triple aspecto narrativo-psicológico se encuentra en estrecha relación con la «psicología de los procesos oníricos» de Sigmund Freud, quien distingue entre lo consciente y lo inconsciente, que «es el círculo más amplio en que se halla inscrito el de lo consciente.»[26] Sin embargo en nuestra novela es lo consciente, el Yo, lo que figura como base de lo inconsciente (el Tú), siguiendo más de cerca las teorías junguianas. Freud divide el inconsciente en dos: el inconsciente propiamente dicho (*Inc*) consiste en lo que ha sido excluido de la consciencia mediante un proceso de represión (es la inconsciencia acusatoria y represora del Tú artemiano); por otra parte, se halla la preconsciencia (*Prec*) constituida por recuerdos que se hacen conscientes cuando es necesario, como ocurre en esta última hora de Artemio que ha de conjurar en sus memorias, su Él, por su necesidad de justificarse.[27]

En todo esto que podríamos llamar «anatomía de una agonía,» existe un desarrollo lógico. La obra está estructurada en doce apartados, cada uno de ellos dividido en tres secciones, correspondientes a las narraciones en primera, segunda y tercera personas, más un último treceavo apartado dividido sólo en dos secciones de primera y segunda personas.

a.   *Yo o la percepción de los sentidos: lo consciente*

Mediante el «Yo» nos presenta Artemio la «consciencia» de sí mismo, origen del conocimiento. Al principio de las secciones del «Yo,» esa «consciencia» raya aún con la inconsciencia, para poco a poco, irse clarificando y volverse por fin a diluir al final de los periodos de primera persona en su inmersión en la inconsciencia del «Tú.» Parece con ello seguir sendas junguianas: «La conciencia [nuestra «consciencia»] es, por naturaleza, una especie de capa superficial, de epidermis flotante sobre el inconsciente, que se extiende en las profundidades como un vasto océano en una continuidad perfecta.»[28] Lo primero que se nos presenta en el «Yo» es la «consciencia» de sí mismo: «Yo despierto» (9), «Yo siento» (28), «Yo siento» (55). La acción mental es causada por un agente externo; de ahí la importancia de las imágenes de los cinco sentidos, que se repiten sin cesar en las narraciones en primera persona. La imagen sensible, captada por los sentidos, es transformada por medio de la imaginación y de la mente en conceptos que proporcionan la «consciencia» del propio ser y del mundo que lo rodea, México, conduciendo además a diversas asociaciones y a sentimientos sobre sí mismo y sobre su entorno. De nuevo podría aplicarse a nuestra novela en texto de Jung:

> *El yo es una magnitud infinitamente compleja, algo como una*
> *condensación y un amontonamiento de datos y de sensaciones*;
> en él figura, en primer lugar, la percepción de la posición que
> ocupa el cuerpo en el espacio, las de frío, calor, hambre, etcétera, y luego la percepción de estados afectivos.[29]

No podríamos hallar una mejor descripción del Yo artemiano.

Como dijimos, en la primera sección del primer apartado asistimos al despertar de Artemio y a sus primeras sensaciones conscientes; la «consciencia» va aumentando paulatinamente, para disminuir después. Cerca ya de la inconsciencia, el «Yo» llama mentalmente a las otras dos partes de la personalidad de Artemio, «El» y «Tú»: «Piensa ayer. No estás tan loco. No sufres tanto. . . . Ayer ayer ayer. . . . El otro. Artemio Cruz. Su gemelo... Artemio Cruz vivió» (12). En esa aproximación del «Yo» a la inconsciencia, se mezclan en su mente confusa los tres aspectos de la misma personalidad: «Vivió durante algunos años [dice refiriéndose al «El»]. . . . Vivió durante algunos días. Su gemelo. Artemio Cruz. Su doble. Ayer Artemio Cruz, el que sólo vivió algunos días antes de morir, ayer Artemio Cruz [apunta refiriéndose al «Tú»] ... que soy yo ... y es otro ... ayer. ... Tú, ayer» (12-13). Tal acercamiento del Yo a las otras dos facetas de la personalidad de Artemio está motivado en el caso del Tú, en parte, por aquellos «estados afectivos» de que hablaba Jung; en cuanto al El, la memoria parece seguir también el proceso junguiano puesto que «el yo implica, además, una masa enorme de recuerdos.»[30]

b. *Tú o la voluntad y la conciencia: lo inconsciente y lo subconsciente*

Mediante esa asociación del «ayer,» se pasa al protagonista del pasado cercano—el «Tú»—de la segunda sección del primer apartado. A partir de este momento la delimitación de las facultades entre los protagonistas de las tres narraciones se va haciendo más nítida. Nelson Osorio y René Jara definen que ese desdoblamiento de Artemio en los tres protagonistas lleva a la diferenciación de tres aspectos de su personalidad: «conciencia, subconsciencia y memoria.» Creemos que esto necesita una más amplia aclaración. «Conciencia» es un término de acepción doble. Significa conocimiento y moralidad. Reconocemos que el «Yo» tiene que ver con el primero, es decir, la facultad consciente, pero poco tiene que ver con la conciencia en sentido moral. Es el «Tú» el que más a menudo efectúa juicios morales.[31] Para evitar esa confusión hemos venido utilizando la palabra «conciencia,» como sustantivación de «consciente.» Por otra parte, es la personalidad del «Tú» demasiado compleja como para que le podamos atribuir únicamente el subconsciente. «Subsconsciencia» es, según el *Pequeño Larousse Ilustrado*, «el estado inferior de la conciencia psicológica en el que, por la poca intensidad o duración de las percepciones, escapan a la introspección del sujeto.» Hay en el «Tú» algo de esto, pero nos parece que el campo del «Tú» se corresponde también con la «inconsciencia,» que el mismo diccionario define como «estado en que el individuo ha perdido la facultad de darse cuenta de los estímulos exteriores y de regular los propios actos y reacciones.» O tal vez pudieran unirse e integrarse ambos conceptos en el campo de lo inconsciente que junto con lo consciente constituye, según Jung «casi todo el dominio de la psicología.»[32] No obstante, incluya o no lo inconsciente a lo subsconsciente, la doble nominación nos ilumina con mayor amplitud, la profundidad, nebulosidad y riqueza de esa narración en segunda persona.

Así pues, en el «Tú,» o estado de inconsciencia de Artemio, en su «penumbra» (13) que él mismo dice, funcionan las imágenes subconscientes, provenientes del mundo sensible mediante las asociaciones de la imaginación. De ahí su complicación y, a veces, anarquía: «escucharás el color, como gustarás los tactos, tocarás el ruido, verás los olores, olerás el gusto» (61). Además de ello, el «Tú» representa, en esa inconsciencia, la voluntad de vida, es decir, la voluntad de localizar el «cerebro inferior» o sensible que «cumple las funciones inmediatas» (62)—el Yo—para que así «libere al superior [el Tú] para el pensamiento, la imaginación, el deseo» (62).

En las dos tipologías narrativas, se cumple con bastante fidelidad la dicotomía que Tzvetan Todorov establecerá entre los «thèmes de *je*» y los «thèmes du *tu*»; aquéllos podían interpretarse «comme autant de mises en oeuvre de la relation entre l'homme et le monde, du système *perception-conscience*,» asignándole a esa «premier réseau les 'thèmes du regard,' de par l'importance que la *vue* et la perception en général y prenaient» (subrayados nuestros).[33] En los segundos, en cambio, «s'agit plutot de la relation de l'homme avec son *desir* et, par là même, avec son *inconscient*.. . . Si les thèmes de *je* impliquaient essentiellement une position passive, on observe ici, en rebanche, une forte *action* sur le monde environnant»[34] (subrayados nuestros).

c. *Él o la memoria: los recuerdos*

Así pues, «Tú» evita la pasividad, actuando en tres frentes: «deberás pensar, imaginar, desear» (62). Es, pues, «Tú» la voluntad de vivir: «. . . el mundo no será simple: no podrás conocerlo en la pasividad, dejando que las cosas te sucedan: deberás pensar para que la asociación de peligros no te derrote, imaginar . . . desear . . . sobrevivirás» (62); sólo de esa forma es posible sobrevivir: reconociéndose a sí mismo y a los demás, deseando con la imaginación de forma que «tu deseo y el objeto deseado fuesen la misma cosa» (62). Ese «deseo satisfecho» se consigue en el pasado, mediante la memoria, que es sinónimo de vida. La mente del «Tú» piensa, obtiene información «para transmitirla de frente hacia atrás» (208). Esa es la única forma de sobrevivir, mediante la memoria, «hacia atrás,» repite Artemio.

La vida es memoria, y ausencia de vida es la falta de esa facultad: «sobrevive con la memoria antes de que sea demasiado tarde, antes que el caos te impida recordar» (63); por eso, «la amiba, el reptil, el pájaro, el caballo» y el mono—«treparás por los árboles,» dice el narrador evolucionista de 2ª persona—están condenados a la no-vida, pues no pueden «pensar más allá de los sentidos inmediatos y las necesidades vitales» (208). Es necesario el último broche evolutivo, la racionalidad, es decir, bajar de los árboles en busca de las facultades mentales que otorgan vida: «descenderás con tus diez mil millones de células cerebrales . . . a explorar . . . prever, aprender, olvidar, recordar, unir ideas . . . amoldarte . . . desear . . . reconocerte a ti mismo: reconocer a los demás y dejar que ellos te reconozcan . . . elegirás . . . decidirás» (208-209).

El Tú es el «médico» que prescribe la forma de recuperar la vida en el pasado: «podrás recuperarlo: reposarás con los ojos cerrados, pero no dejarás de ver, no dejarás de desear, porque así harás tuya la cosa deseada: la memoria es el deseo satisfecho» (209). Por todo esto, de la voluntad del «Tú» se pasa a la memoria del «El.» Cuando esa voluntad del «Tú» falle, lo que sigue será el caos o la muerte que impide recordar, de forma que la novela termina—tenía que ser así—con una sección de la narración en segunda persona. La muerte de Artemio es inmediatamente posterior a esa falta de voluntad del «Tú» hacia la memoria. De esa forma, parte de Artemio ya está muerta al final de la novela: «los tres ... moriremos ... Tú ... mueres ... has muerto ... moriré» (316). Artemio se había desdoblado en tres, pero muertos el «El» y el «Tú,» ahora ya sólo es ese «Yo,» que inmediatamente después de esa palabra—«moriré»—parece consumar la muerte total de Artemio Cruz.

En palabras de Todorov refiriéndose a *Adolphe* de Constant, «La mort n'est rien d'autre que l'impossibilité de parler»[35]—y de pensar añadiríamos nosotros en este caso—, de forma que muerto el protagonista, Artemio, y por ser a la vez el único narrador, se acaba la obra escrita, puesto que—de nuevo en palabras de Todorov refiriéndose ahora a *Las mil y una noches*—«Le récit égale la vie; l'absence de récit, la mort. . . . L'homme n'est qu'un récit; dès que le récit n'est plus nécessaire, il peut mourir. C'est le narrateur qui le tue, car il n'a plus de fonction.»[36]

El «Yo» representa lo que Artemio es; lo que ha sido en un pasado ya lejano es el «El»; al «Tú» del cercano «ayer» se le acusa de lo que podría o debería haber sido si la voluntad hubiera actuado de forma distinta; o de lo que va a ser hoy—el presente del «Yo»—porque la voluntad, la voluntad de ser, actuará «ayer» de tal o cual forma. Tiene razón Paul Di Virgilio cuando afirma que «Artemio Cruz encompasses the impossible ontological dimensions of a man who is his own subject, object and observer in the narrative.»[37]

Como ocurría en la primera sección del primer apartado, al final de la novela la delimitación concreta de las tres narraciones se va diluyendo a medida que la agonía prosigue su curso. Progresivamente, la interferencia y la confusión en los papeles de los, aparentemente, tres protagonistas se acentúa. Esa interferencia es buscada artísticamente para reflejar el acercamiento de la muerte. La «consciencia» se va perdiendo. Abandonan a Artemio algunos sentidos: «ya no huelo nada» (222), «yo ya no siento, ya no veo» (243). Breves momentos antes del final, recupera la lucidez en esa súbita y falsa mejoría previa a la muerte: «toco ... huelo ... veo ... gusto ... oigo ... paso junto tocando, oliendo, gustando, viendo...» (308). Progresivamente las palabras se van espaciando más y más. Parece seguir, también aquí, el protagonista el camino marcado por José Gorostiza en *Muerte sin fin*:

> Sí, todo él, lenguaje audaz del hombre,
> se le ahoga—confuso—en la garganta
> y de su gracia original no queda
> sino el horror de un pozo desecado
> que sostiene su mueca de agonía.
> Porque el hombre descubre en sus silencios
> que su hermoso lenguaje se le agosta
> en el minuto mismo del quebranto . . .[38]

El proceso agónico es irreversible; vida y muerte caminan juntas en paradójico «escarnio» a su oposición dialéctica «inconciliable,»

> sin admitir en su unidad perfecta
> el escarnio brutal de esa discordia
> que nutren vida y muerte inconciliables,
> siguiéndose una a la otra
> como el día a la noche
> una y otra acampadas en la célula
> como en un tardo tiempo de crepúsculo,
> ay, una nada más, estéril, agua,
> con El, conmigo, con nosotros tres;[39]

Y hemos de hacer notar que el pronombre de tercera persona se refiere en Gorostiza a Dios, mientras que en Fuentes pertenece a Artemio aunque ya hemos visto que Artemio también se siente el Dios nuevo.

4. «Una» narración «triple». Su unificación en un «narrador implícito,» «limitado» y «omnisciente»: Artemio

Hemos visto hasta aquí lo que representan los tres protagonistas formales de los tres tipos de narraciones. Para completar el entendimiento del «punto de vista» o «puntos de vista» que Fuentes escoge, queremos aplicar a la obra del autor mexicano algunas otras consideraciones teóricas de los críticos. Las técnicas que a este respecto utiliza Fuentes en *La muerte de Artemio Cruz*, van más allá o se escapan a los estudios de teoría literaria de críticos como Friedman, Booth o Mendilow, que se basan en las literaturas de lenguas francesa e inglesa.[40] También hemos visto más arriba que retoca de forma renovadora las teorías sobre el «punto de vista» que por los años veinte Ortega y Gasset examinaba al estudiar el «arte nuevo» en *La deshumanización del arte.*

Como hemos dicho, existen en la novela tres organizaciones formales, a cada una de las cuales corresponde un tipo de narración distinto, en primera, segunda y tercera persona; pero el narrador que se esconde bajo esas formas diferentes es el mismo, Artemio. Artemio Cruz se vale de tres «puntos de vista,» cada uno de los cuales busca un efectismo apropiado y consistente con el propósito del autor. Ese narrador, uno y trino, presenta sus propias sensaciones y percepciones, mediante la narración en primera persona con un «punto de vista restringido.» Todo se nos presenta a través de la mente del «Yo.» Los demás personajes son juzgados desde fuera a través de la percepción que de ellos tiene este narrador-protagonista. En teoría se ajustaría a lo que Friedman llama «yo como protagonista,» no disponiendo de la movilidad del narrador omnisciente que se emplea en la narración en tercera persona, y estando limitado casi exclusivamente a sus pensamientos y percepciones, lo que restringe su campo de acción. No obstante, este narrador no es tan «limitado» como pudiera parecer, pues el autor puede presentarnos a través de su mente conversaciones mantenidas u oídas, visiones o sensaciones de otros personajes; por ello, mueve su vista, oído, tacto, olfato, gusto y pensamientos en todas direcciones. De esa forma, a través de su mente se nos presentan narraciones y descripciones de lo que siente alrededor y en sí mismo, mediante, a veces, escenas y diálogos más propios de lo que Mendilow y Friedman llaman «método o modo dramático»; con éste se agudiza en el lector la sensación de inmediatez; si en la pura narración domina la voz del narrador y la ironía, mediante la escena y el diálogo consigue Fuentes insertar al lector en el suceso mismo. En otros casos asistimos a «monólogos interiores» o a «corrientes de conciencia,» catalogados por Friedman como «omnisciencia selectiva,» mediante los cuales se bucea en espacios más profundos de la mente, evocados por niveles subverbales que rompen las formas lingüísticas.

El problema con que se enfrentaba Fuentes era que mediante la narración en primera persona, como Henry James había notado, no se puede presentar el propio carácter o analizar suficientemente los propios prejuicios o reacciones subconscientes. Por otra parte, Mendilow hace notar que el narrar los recuerdos en primera persona y pasado no es efectivo, pues da la sensación al lector de que los hechos están ya lejos en el tiempo y en el afecto; la narración en tercera persona y pasado, en cambio, la siente el lector como presente. Fuentes descubre una genial solución al problema: El «Yo-protagonista» se rompe en el reflejo de los vidrios del bolso de Teresa, convirtiéndose en narrador proteico, que, reflejando una sola persona —Artemio—, tiene tres imágenes distintas. Como ya citamos al principio de este capítulo, «se trata de un diálogo de espejos entre las tres personas,» que decía Fuentes. Con ello desarrolla con gusto pictórico moderno la literatura como reflejo, que encontramos en los episodios del caballero de los espejos en la segunda parte de *El Quijote*, o en los esperpentos de Valle-Inclán, o, volviendo a las intertextualidades sugeridas por los epígrafes, en la poesía de José Gorostiza, como ya mencionamos más arriba, o en *Le Rouge et le Noir* donde Stendhal, en un epígrafe que atribuye a Saint-Réal, afirma: «Un roman: c'est un miroir qu'on promène le long d'un chemin.»[41] Y aún repite más adelante con énfasis: «Eh, monsieur, un roman est un miroir qui se promène sur une grande route.»[42] Después de todo, no hemos de olvidar que tales aspectos especulares forman el núcleo de los desdoblamientos, redoblamientos y reflejos pre-textuales y textuales de nuestra novela, examinados a la luz de la esencia duplicativa de la metaficción y de la teoría generativa. No en vano Linda Hutcheon parte de una lectura irónica del mito especular del Narciso ovidiano para formular su teoría sobre la «narrativa narcisista,» y, de forma análoga, Jean Ricardou establece la base de su teoría generativa en un capítulo que lleva por título «La population des miroirs.»[43]

Hemos hablado de la primera imagen, el «Yo.» En la segunda—los apartados en segunda persona—el narrador se retira en su inconsciencia a bucear en ese subconsciente, que en la narración en primera persona permanecía casi vedado.[44] De esa forma, dirigiéndose a su propio tú, lo critica, lo ensalza, le ordena, lo juzga, lo acusa, lo disculpa, descubriéndonos así lo más profundo de su personalidad. Mediante la narración en segunda persona, observamos en el protagonista su mente en disección, y contemplamos su más hondo proceso mental funcionando en sí mismo y en contacto con lo que le rodea. Utilizando únicamente la «corriente de conciencia,» se podría quizás haber llegado al mismo grado de profundidad, pero mediante esta técnica del empleo del «Tú» esas profundidades mentales se nos hacen más familiares, gracias al dinamismo de la forma, que parece ir dirigida no sólo al inconsciente de Artemio sino también, y muy directamente, al lector, quien se convierte así en personaje activo y protagonista de la narración.

Nos falta hablar de la tercera sección formal, la más importante en extensión. Si con la narración en primera persona nos ofrecía Artemio su apariencia externa y las capas no demasiado profundas de su personalidad y de su medio, con la narración-Tú se zambulle en su más profunda intimidad mental. Para ofrecernos una imagen más completa de sí mismo, Artemio ya sólo necesita mostrarnos su ambiente social, político, religioso, económico, histórico. Este es el propósito logrado de la narración en tercera persona. Ya hemos hablado de lo acertado de valerse del narrador tradicional para referir hechos del pasado. Pero normalmente ese narrador omnisciente suele ser alguien exterior a la obra. No ocurre así en este caso, con lo que se gana en fuerza dramática, haciendo que el narrador no sólo no sea alguien ajeno sino el único y destacado protagonista. En aquel caso, seríamos espectadores, observaríamos como el narrador ausente; en éste se nos fuerza a creer, pues las noticias son de primera mano. Este narrador de la sección en tercera persona, como el de la de segunda, es el mismo y distinto al protagonista de la narración («El»); es el mismo por ser Artemio Cruz, pero es distinto por la manera y el hecho de dirigirse a un Artemio Cruz anterior y diferente al del presente.

Así como el «autor real» difiere del «autor implícito» o «segundo sí mismo» del autor—versión refinada, más selecta, más sabia, sensible y perceptiva del hombre real—, en este caso los tres narradores del «Yo,» del «Tú» y del «El» se desdoblan y unen en un Yo-Tú-El que podríamos llamar en terminología de Booth el «narrador implícito» y, en el caso de las narraciones de segunda y tercera persona, «no dramatizado.» Este «narrador implícito» nos ofrece, con una perspectiva histórica *artemiana*, la propia vida en una etapa anterior de su existencia. Su perspectiva del pasado es, autoconscientemente, comparable a la que él mismo, como capitán revolucionario, tenía al presenciar el fusilamiento del Yaqui Tobías y Gonzalo Bernal, mientras que la del presente y del «ayer» aparece, también narcisistamente, sugerida en la perspectiva de aquéllos respecto a su propia muerte: «¿Qué vieron Tobías y Gonzalo Bernal? Lo mismo que el capitán, aunque éste les ganara en altura. . . . Allá abajo, el Yaqui era sacado en camilla [como el Artemio Cruz moribundo] y Bernal caminaba cabizbajo [cual el Artemio Cruz-Tú de voluntad pensante y ensimismada] y los dos hombres eran colocados contra el paredón y entre dos lámparas de petróleo» (199) —lo que nos recuerda la unión final del Yo-Tú-El en su muerte entre las luces de los focos del quirófano.

5.   *Pseudo-objetivismo y subjetivismo: una justificación del
narrador-protagonista único y un comentario metaficticio*

La visión del pasado no es contemporánea al tiempo relatado, sino que se hace desde el momento y situación vital presente de Artemio y con un sentido histórico a la luz de lo que ha sucedido desde los acontecimientos que va recordando. Como narrador omnisciente tradicional debería ser objetivo, pero bajo esa cáscara de objetividad se esconde un «punto de vista» subjetivo por estar juzgando su propia vida.[45] Nos ofrece la perspectiva que le interesa que el lector tenga de él, para de esa forma justificar su actuación. Existe una cáscara de objetividad representada por los continuos vaivenes del narrador mostrando los personajes desde «puntos de vista» diferentes, pero ello esconde el acendrado subjetivismo de dirigir el parecer y juicio del lector mediante esas técnicas omniscientes, pseudo-objetivas y pseudo-distantes hacia una perspectiva favorable a la justificación de Artemio. No estamos pues totalmente de acuerdo con Lanin A. Gyurko, cuando dice que «many of the incidents developed in the third-person section are not memories the egotistical Cruz would voluntarily recall. . . .,»[46] puesto que mediante esas memorias que el narrador nos relata, se justifica a sí mismo bajo una apariencia de objetividad, como es el contarnos traiciones propias que, si a primera vista podrían ser perjudiciales a su fama, de hecho atraen las simpatías del hombre que se reconoce a sí mismo como es, frente a la hipocresía y mediocridad de los que lo rodean. La voluntad del Tú es el origen y móvil consciente de memorias y recuerdos, de cuyo carácter subjetivo encontramos múltiples evidencias en el mismo texto: «cerrarás los ojos y creerás ver más: sólo verás lo que tu cerebro quiera que veas: más que lo ofrecido por el mundo: cerrarás los ojos y el mundo exterior ya no competirá con tu visión imaginativa» (60).

Ese es el sentido de la falsedad de su objetivismo, puesto que descubrimos que ha sido el narrador omnisciente, bajo quien se esconde la personalidad de Artemio, el que nos ha ofrecido esas perspectivas. Siempre se observa esa pseudo-objetividad en la narración en tercera persona y se pueden ofrecer innumerables ejemplos de ello: en la narración del «(1941: julio 6)» (18-28), se nos ofrecen simultáneamente, en saltos continuos de una a otra, las acciones separadas de Artemio, Padilla y sus juegos norteamericanos por una parte, y los quehaceres vacíos y aristocrático-burgueses de Catalina y Teresa por la otra. Lo mismo ocurre en el segundo episodio—«(1919: mayo 20)» (36-55)—en que se nos ofrecen en orden de simultaneidad las perspectivas de Gamaliel Bernal y de Artemio, en su sorda lucha por el poder.

Otro tanto podríamos decir del episodio en que se nos relatan las relaciones entre Artemio y Catalina, «(1924: junio 3)» (93-116): la narración en tercera persona y las conversaciones de Artemio con Ventura que nos descubren la imposición engañosa del primero a los campesinos, se mezclan a los pensamientos de Catalina que nos conducen ahora al término de sus relaciones. No creemos que se trata, cual defiende Daniel de Guzmán, de «Catalina's intrusion into the narrative from her own point of view»;[47] al contrario, sigue siendo el mismo narrador proteico, Artemio, que finge ofrecer el «punto de vista» de Catalina, para aparentar objetividad. No es ésta una afirmación gratuita, sino que tiene su base en el mismo texto. En el antedicho episodio de tercera persona existen tres apartados formales de narración: uno paralelo y semejante a las narraciones omniscientes de la novela encabezadas por el pronombre personal «El»; un segundo tipo, gráficamente entrecomillado, en que parece ofrecerse el diario íntimo de Catalina; y, por último, entre paréntesis y comillas, un tercer módulo presentado en forma escénica, y en que asistimos al diálogo entre Artemio y Ventura. Lo primero que notamos en el episodio es la evidente conexión por palabras o pensamientos de las tres aparentemente distintas narraciones; llega un momento en que la narración escénica entre paréntesis y comillas desaparece después de la acusación de los campesinos a Ventura: «(«nos ha reducido a la miseria. No podemos tener trato contigo; tú eres parte de lo que él nos hace»)» (104). Algo parecido ocurre con la narración formal entrecomillada de Catalina después de unas frases de indecisión: «... no sé decidirme ... no puedo ... no puedo ...» (109). A partir de ese momento las tres narraciones formales se integran totalmente en una sola: la del narrador omnisciente. Asistimos sin interrupción con lo anterior a los incidentes de la lucha de Artemio por un puesto de diputado federal, a pesar de la falta de apoyo de Catalina y la oposición del cacique Pizarro. Ésta la observamos mediante el diálogo escénico con Ventura integrado ahora totalmente en la narración principal y sin ningún tipo de diferenciación ortográfica. El entrecomillado soliloquio catalinesco se convierte también en escénico y asistimos así a la disputa dialogada entre Artemio y Catalina, en que se llega a la ruptura total en la práctica, y no sólo diurna como ocurría anteriormente. Catalina lo acusa de «cainita» respecto a su hermano Gonzalo, de haberse aprovechado de su padre Gamaliel Bernal y de haber obligado a huir a su primer amor, sin que ella hubiera tomado parte en ello. A pesar de la solicitud de perdón de Artemio, Catalina sigue en su frialdad, lo que parece legitimar en el lector, y también en el protagonista su larga carrera en la conquista del amor extrahogareño, cuyo primer eslabón a partir de aquellos hechos es la india que Artemio mete en la «casa grande» esa misma noche recordada del 3 de junio de 1924.

A la luz de este episodio parece claro que la culpabilidad en último término es de Catalina, puesto que no se ha doblegado a aceptar los hechos como Artemio, quien llega incluso a humillarse ante ella. Floyd Merrell en un interesantísimo estudio semiótico, examina las relaciones Artemio-Catalina, mostrándonos su fracaso, al hallarse apresados los protagonistas en sus propios órdenes paradójicos, en sus convenciones y en sus restricciones, que impiden que la comunicación «verbal» y «no-verbal» surta el efecto apropiado para la entrega amorosa total.[48] En todo caso, justificamos más aún a Artemio al darnos cuenta objetivamente de su valentía; objetividad que proviene de la aparente multiplicidad de «puntos de vista» (tres) que observamos en el episodio. Pero, ¿se nos han ofrecido realmente tres «puntos de vista»? ¿Por qué entonces esa unión final de los tres en uno solo? La explicación final la hallamos en la sección narratológica anterior, en segunda persona. Hablábamos antes, de que el Tú era la voluntad de la vida recuperada en el recuerdo; en esta ocasión el recuerdo es «ajeno a tu voluntad pero fundido en tu memoria involuntaria, la que . . . te repite, ahora, las palabras que no escuchaste entonces . . . : 'Me dejé ir' . . .» (92). Son estas tres últimas palabras entrecomilladas de la narración en segunda persona las que desencadenan precisamente el episodio de 1924, como motivo que se repite en la narración omnisciente y en el entrecomillado aparentemente de Catalina. Ahora sabemos que esos entrecomillados pertenecen a la «memoria involuntaria,» que se funde en la mente del Yo-narrador-protagonista al recuerdo del tres de junio de 1924. ¿Cómo conoce Artemio, narrador-protagonista omnisciente, esa especie de diario íntimo de Catalina? ¿Es una invención de Artemio partiendo de algunos vagos indicios? ¿Ha visto él el diario de Catalina? Tal vez, tal vez; pero además, si hemos de creer lo que se nos dice en la narración en segunda persona, se trata de un fenómeno de osmosis entre los dedos de Catalina y la frente del moribundo: «. . . ella te acaricia, quizás te pasa con los dedos, a la frente, unas palabras que quieren mezclarse con ese recuerdo tuyo que no deja de correr . . . sus dedos pálidos tocarán tu frente afiebrada, querrán calmar tu dolor, querrán decirte hoy lo que no te dijeron hace 43 años» (sic) (91-92-93).

Al pseudo-objetivismo se une una omnisciencia descarada. El narrador salta continuamente de una parte a otra, no sólo observando y escuchando, sino introduciéndose en lo más profundo de los pensamientos de sus personajes. Se concede a sí mismo ese narrador el más importante de los privilegios: el de la vista al interior, e incluso el de la adivinación y la invención.

En el episodio de Lorenzo—«(1939: febrero 3)»—(228-241) nos damos cuenta de que el narrador de la sección en tercera persona es el mismo que los de las narraciones de primera y segunda que siguen a aquel episodio. En éstas se atan cabos sobre las aventuras, peripecias y amores de Lorenzo, las cuales se nos ofrecían en la sección narratológica en tercera persona mediante breves segmentos misteriosamente entrecomillados, cuya procedencia descubrimos ahora: una carta de Lorenzo enviada póstumamente por su amigo Miguel junto con otras notas que éste añade. Sin embargo, todo ello es adornado por el narrador protagonista agonizante con invenciones de cosecha propia, que ensalzan y justifican su propia actuación respecto a Lorenzo, su hijo. A este respecto, refiriéndose a aquellos hechos que se nos cuentan en las tres narraciones—especialmente en la de tercera persona—el Yo-narrador-protagonista llega a confesar: «invento paisajes, invento ciudades, invento nombres y ya no los recuerdo» (244). En el principio del mismo episodio, conscientemente, el «narrador implícito» nos engaña mediante un artilugio de ficción, al hacernos pensar que está hablando de Artemio (El) y no de Lorenzo, buscando establecer la identificación Artemio-Lorenzo, que más tarde se nos explicará con dos perspectivas contrapuestas de Artemio; una de ellas en la sección de la narración en primera persona—«me obligó a conducirlo . . . a obligarlo a encontrar los cabos del hilo que yo rompí, a reanudar mi vida, a completar mi otro destino, la segunda parte que yo no pude cumplir» (242). La segunda perspectiva se nos ofrece en la narración en segunda persona: «. . . no lo empujarás a ese destino mortal, que pudo haber sido el tuyo: no lo obligarás a hacer lo que tú no hiciste, a rescatar tu vida. . .» (246). Como en el caso de la pseudo-narración de Catalina, descubrimos, y eso lo es importante para encontrar el sentido de la omnisciencia y objetividad del narrador de las memorias, que el narrador de la sección en tercera persona es el mismo que los de las de primera y segunda, puesto que se nos revela que la base de aquélla está constituida por la última carta de Lorenzo y las noticias de Miguel; lo demás es pura novelización del «narrador implícito»—«representado» o «no representado,» «protagonista» y «testigo»—para unir los cabos sueltos que ofrecen ambas fuentes, que además se hallan desdibujadas en vagas memorias:

> iba montado a caballo aquella mañana; eso lo recuerdo: recibí una carta con timbres extranjeros . . . soñé, imaginé, supe esos nombres, recordé esas canciones, ay gracias, pero saber, ¿cómo puedo saber?; *no sé,* no sé cómo fue esa guerra, con quién habló antes de morir, cómo se llamaban los hombres, las mujeres que lo acompañaron a la muerte, lo que dijo, lo que pen-

só, cómo iba vestido, qué comió ese día, *no lo sé: invento pai-*
sajes, invento ciudades, invento nombres y *ya no los recuerdo*
. . . (243-244). (el subrayado es nuestro)

El narrador parece querer forzar al lector a que reconozca que las páginas
que tiene ante sus ojos son abierta, pura y simplemente ficción; y aclararía-
mos nosotros: metaficción, en este caso en su forma «diegética
descubierta.»

Ya en la primera narración en segunda persona se nos hablaba de la
importancia de esa imaginación inventiva: «. . . aunque tu edad te condene
a imaginar las cosas más que a hacerlas» (13). Y posteriormente, en la segunda narración del yo, imagina unas probables palabras de su hija Teresa
a Catalina: «. . . te habrá dicho [futuro de probabilidad]: 'Ojalá todo pase
pronto. Porque él es capaz de estarse haciendo el enfermo, con tal de mor-
tificarnos a nosotras'» (29).

El primer narrador «representado» y el segundo y tercero «no repre-
sentados,» pero protagonistas y testigos como el primero, constituyen, repetimos, un desdoblamiento de Artemio; los tres, aliados en uno, intentan
mostrarnos una objetividad que en realidad es falsa; son invenciones, es
ficción dentro de ficción, inventada por el Artemio agonizante, que es en
último término el narrador único, para justificar su vida—sus elecciones y
sus decisiones—y dar sentido al futuro inmediato de su muerte. En realidad, pues, siendo el narrador único, el «punto de vista» lo es también. En
la primera sección, el «Yo» de Artemio es a la vez el protagonista y narrador, que en la segunda y tercera secciones se retira de su papel de protagonista para ofrecérsenos a sí mismo en dos facetas y etapas diferentes de su
vida y su personalidad, el «ayer» y el hoy de la inconsciencia del «Tú» y la
memoria del pasado anterior del «El.»

Pero seguimos sintiendo el mismo narrador del presente, el Artemio
actual o Yo que se justifica en su lecho de muerte. Esa unidad en el Yo ori-
ginario parece haber entendido también Bienvenido de la Fuente cuando
afirma: «Las narraciones en primera persona juzgamos que son como un
soporte de toda la obra, ya que en ellas van siendo anticipados los temas, o
recogidos los que ya han sido esclarecidos.»[49] También Liliana Befumo
Boschi y Elisa Calabrese en un magnífico estudio estructuralista, llegan a
conclusiones semejantes, partiendo de una definición del «punto de vista»
no en «la manera como el narrador nos presenta sus materiales [sino] en los
modos de la comprensión de los personajes.»[50] Así pues, Artemio, narrador único, recupera su propia vida y se justifica a sí mismo en la ficción de

su memoria. El resto de las pseudo-voces narrativas no son, por consiguiente, sino parte de la ficción de este solo narrador autónomo. *La muerte de Artemio Cruz*, como obra de arte, se resiste a fáciles clasificaciones dentro de las numerosas tipologías sobre el punto de vista desarrolladas en los sesenta y setenta. Tal terminología ayuda a aclarar y cocretar la técnica narrativa de la obra, estableciendo a la vez su propia, identidad y originalidad.

Ahora bien, cual defiende Susan S. Lanser en *The Narrative Act*, el «punto de vista» no es simplemente un instrumento estético y técnico sino también ideológico. La innovación técnica misma no se puede separar de la protesta ideológico-social que Fuentes proclama en el texto. En tal sentido Susan S. Lanser afirma:

> It may not be surprising that works that perpetuate the status quo most uncritically . . . are often formally imitative, tightly constructed around a formula, creating a closed world. In texts where ideological assumptions prevalent in the «culture-text» are implicitly challenged or undermined, the form may be more likely to reflect the conflicts inherent in this very attempt. It is possible that new forms emerge not simply, as Lukács imagined, from new context, but from the attempt to reject ideology.[51]

Creemos que *La muerte de Artemio Cruz* es uno de tales intentos. Ello refuerza hermenéuticamente la tesis socio-política defendida en el anterior capítulo al examinar el significado generativo de la dedicatoria a C. Wright Mills en yuxtaposición a una de las descodificaciones anagramáticas del nombre de Artemio Cruz (*Américo Truz*): Nuestro personaje principal encarna el punto de vista monolítico, sin escrúpulos y decididamente masculino de la clase dirigente, lo que se nos muestra como problema endémico de un México siempre gobernado por una «élite de poder»: de Moctezuma a Cortés, de Santa Anna o Porfirio Diaz, de Irineo a Atanasio y a Gamaliel y a Artemio. El imperio de Artemio en el punto de vista puede tomarse, pues, por una metáfora de este dominio absoluto sobre su mundo.

Un nombre, Artemio, y tres protagonistas de hoy, de ayer y de antes, es decir—y acabando como empezamos en los epígrafes—«de mí, de El y de nosotros tres, ¡siempre tres!» Tres aparentes narradores principales y tres protagonistas que son uno solo: el «Yo» que nos cuenta su historia, puesto que «Moi seul, je sais ce que j'aurais pu faire... Pour les autres je ne suis tout au plus qu'un *peut-être.*»

NOTAS

1. José Ortega y Gasset, *La deshumanización del arte*, 11ª ed. (Madrid: El arquero, 1976), 24-25.

2. *Ibid.*, 25.

3. *Ibid.*, 27-28.

4. *Ibid.*, 26. En mi estudio «*La muerte de Artemio Cruz* y Ortega: Texto e intertexto», Gilbert Paolini ed. *La Chispa '85: Selected Proceedings* (New Orleans: Tulane U., 1985), 349-360, realice una lectura de Fuentes en un contexto orteguiano que muestra, además de estas intertextualidades técnico-situacionales, ciertos contactos en que la problemática personal artemiana se transciende en metáforas de la problemática histórica en la nación mexicana y de la relación interindividual en la sociedad humana, siguiendo el modelo del pensamiento de Ortega.

5. Véase Daniel de Guzmán, *Carlos Fuentes* (New York: TWAS 151, 1972), 113 y 115.

6. Ortega y Gasset, op. cit., 27.

7. Emmanuel Carballo, *19 protagonistas de la literatura mexicana del siglo XX* (México: Empresas Editoriales, 1965), 433.

8. Manuel Pedro González, art. cit., 96.

9. Keith Botsford, «My Friend Fuentes,» *Comentary* 39, 2 (February, 1965), 64-67.

10. Alone en *El Mercurio*, Santiago de Chile: 1° dic., 1968.

11. También Luis Harss y Bárbara Dohmann, en *Into the Mainstream* (New York: Harper and Row, 1967), parecen de alguna manera molestos con la obra, que juzgan, en parte, superficial: «In *Artemio Cruz* many otherwise dense and subtle pages are loaded down with mechanical dead weight that seems expert but superficial» (301). También J. Sommers, art. cit., encuentra cierta «rigidez» en la estructura de la novela a causa de su técnica de perspectiva triple.

12. E. Carballo, op. cit., 442.

13. E. Rodríguez Monegal, «Carlos Fuentes,» 35. En ese mismo sentido, R. Monegal corrobora que los grandes escritores latinoamericanos «han vivido fuera de su patria en una época de su vida . . . desde el Inca Garcilaso hasta Octavio Paz y Cortázar, se trata de escritores cuyo desarraigo físico implica un gran arraigo espiritual y por tanto creador. Es una manera que sólo el artista puede conseguir: echar raíces

a la distancia sobre la propia tierra. . . . En estas condiciones, la emigración no hace al escritor menos sino más americano» (35-36).

14. Para un magnífico resumen comentado de las teorías críticas del siglo XX sobre «punto de vista» y tiempo, en conexión clarividente con las teorías literarias, filosóficas y científicas, y el acontecer social e histórico contemporáneos, pueden verse los tres primeros capítulos de Darío Villanueva, *Estructura y tiempo reducido en la novela* (Valencia: Bello, Biblioteca filológica, 1977).

15. No negamos la doble o múltiple connotación del epígrafe; Lanin A. Gyurko, «Structure and Theme . . .,» 39, se fija brevemente en un distinto significado temático del epígrafe y sin conexiones técnicas.

16. Véase E. Carballo, op. cit., 437 y 441. También en Emir Rodríguez Monegal, «El mundo mágico . . . ,» 11.

17. Gyurko, «Structure and Theme . . .,» 35, hace una llamada a este epígrafe como referencia irónica a la Trinidad divina.

18. Gerald W. Petersen, «Punto de vista y tiempo en *La muerte de Artemio Cruz* de Carlos Fuentes,» *Revista de Estudios Hispánicos*, VI, 1 (Enero, 1972), 85-95.

19. Mark Schorer, «Technique as Discovery,» *The Hudson Review*, I, 1 (Spring 1948), 87.

20. Parafraseamos a Schorer, art. cit., 68-69.

21. George Levine, art. cit., 233-256. En este sentido Cedomil Goić, en *Historia de la novela hispanoamericana* (Valparaíso: Editorial Universitaria, 1972), encuadra *La muerte de Artemio Cruz* en un grupo de «novela irrealista» y de «elaboración irracionalista,» si bien, añade, «engendra . . . una nueva coherencia» (248).

22. Nelson Osorio, art. cit., 137 y sgtes.

23. Véase Enrique Anderson-Imbert, *Spanish-American Literature: A History*, 2nd ed. (México, 1954; rpt. y trad. Detroit: Wayne State University Press, 1969), II, 719-720.

24. Nelson Osorio, art. cit., 133. René Jara, art. cit., 172.

25. El medio y estado del «Tú» siempre se sugiere en el sueño, la fiebre o el medio-sueño. Pueden observarse estos puntos, por ejemplo, en las páginas 122, 93 y 61, respectivamente. Esa idea del medio-sueño se halla en multitud de obras; recordamos *Los caprichos* de Goya, o la novelística de Galdós, o la «nivola» de Unamuno o la «duermevela» en *Rayuela* de Cortázar, que aparecerá de forma repetida y paródica en *Fragmentos de Apocalipsis* de Torrente Ballester.

26. Sigmund Freud, *La interpretación de los sueños*, 13ª ed., Vol. 3 (Madrid: Alianza Editorial, 1983), 233.

27. Freud, «Psicología de los procesos oníricos,» en op. cit., 136-242.

28. Carl G. Jung, *Los complejos y el inconsciente*, trad. Jesús López Pacheco, 4ª ed. (Madrid: Alianza Editorial, 1979), 93. Tres páginas más adelante, en clarifica-

ción semántica—perfectamente aplicable a *La muerte de Artemio Cruz*—y para nosotros también morfolingüística afirma: ¿*«Qué es la conciencia? Ser consciente es percibir y reconocer el mundo exterior, así como al propio ser en sus relaciones con ese mundo exterior.*»

29. *Ibid.*, 96.

30. *Ibid.*, 96.

31. En las páginas 246-247 el «Tú» actuando como conciencia se acusa de lo que no ha hecho, expresando lo que debería haber realizado, opuesto al camino que Artemio en realidad ha seguido, y apuntando lo que debería haber sido («tú serás un peón . . .») o no haber sido («tú no serás Artemio Cruz . . . no preferirás la cachemira irlandesa . . .»).

32. Jung, op. cit., 93. De forma semejante, Sigmund Freud, en op. cit., 233-235, ve lo inconsciente como «la base general de la vida psíquica.» Y añade que «lo inconsciente es el círculo más amplio en el que se halla inscrito el de lo consciente,» terminando por aconsejar que «debemos mantenernos alejados de la diferenciación de *conciencia superior* y *subconciencia.* . . .»

33. Tzvetan Todorov, *Introduction à la Littérature Fantastique* (Paris: Éditions du Seuil, 1970), 146-147.

34. *Ibid.*, 146.

35. T. Todorov, *Poétique de la Prose* (Paris: Éditions du Seuil, 1971), 100.

36. *Ibid.*, 86-87.

37. P. Di Virgilio, art. cit., 99.

38. Gorostiza, op. cit., 135-136.

39. *Ibid.*, 120.

40. A. A. Mendilow, op. cit.; Norman Friedman, *Form and Meaning in Fiction* (Athens: University of Georgia Press, 1975), 134-166; y Wayne C. Booth, op. cit.; véanse sobre todo pp. 149-166. Parafraseamos en ocasiones a estos críticos y utilizamos parte de su terminología.

41. Stendhal, op. cit., 109.

42. *Ibid.*, 487. Véanse también los comentarios sobre la importancia de este espejo en movimiento de Stendhal, en L. Pollman, op. cit., 21-22. Este mismo aspecto, referido a *La Muerte de Artemio Cruz*, aparece escueta y claramente examinado en la op. cit. de Wendy Faris, pp. ix, 50 y sgtes.

43. Véanse, L. Hutcheon, op. cit., 8-16, y J. Ricardou, «La population des miroirs,» en *Nouveaux problèmes du roman* (Paris: Éditions du Seuil, 1978), 140-178.

44. Para los antecedentes y evolución de la narración en segunda persona, véase Richard Reeve, «Carlos Fuentes y el desarrollo del narrador en segunda persona: un ensayo exploratorio,» en *Homenaje a Carlos Fuentes* . . ., ed. Giacoman cit., 75-87. Para Reeve, Fuentes consigue, mediante ese artificio, la participación del lector con

el protagonista como «víctima-participante» y como «juez-participante.» Creemos extender y ampliar el sentido de la narración en segunda persona sin contradecir tampoco el parecer de Fuentes, citado por Emmanuel Carballo en la obra citada, 440-441, y repetido por Mario Benedetti y otros críticos; es decir, que se trata, en parte, de una «especie de Virgilio que lo guía por los doce círculos de su infierno y que es la otra cara de su espejo, la otra mitad de Artemio Cruz: es el Tú que habla en futuro. El subconsciente que se aferra a un porvenir que el Yo—el viejo moribundo—no alcanzará a conocer.» Véase también Francisco Yndurain, *Prosa novelesca actual* (Madrid: Universidad Internacional Menéndez y Pelayo, 1968), en especial, en el capítulo II, «La novela desde la segunda persona: Análisis estructural,» 157-182.

45.   René Jara, art. cit., defiende el objetivismo. Pero ese objetivismo es en realidad sólo de técnica. Bajo él se esconde la sutileza de que hemos hablado.

46.   Lanin A. Gyurko, «Structure and Theme . . . ,» 35. También W. Faris, op. cit., 60-61.

47.   Daniel de Guzmán, op. cit., p. 115. Juan Loveluck, en «Intención y forma en *La muerte de Artemio Cruz*,» ed. H. Giacoman cit., ve en la obra un punto de vista dinámico constituido por una multiplicidad de narradores que ofrecen una visión total de los acontecimientos (209-228).

48.   Floyd Merrell, «Communication and Paradox in Carlos Fuentes' *The Death of Artemio Cruz*: Toward a Semiotics of Character,» *Semiotica*, XVIII, 4 (1976), 339-360. Para la significación de Catalina en la vida de Artemio Cruz, según Carlos Fuentes, esta vez como crítico entrevistado, puede verse Carballo, op. cit., 441-442.

49.   Bienvenido de la Fuente, art. cit., 147.

50.   L. Befumo Boschi y E. Calabrese, op. cit., 99-100. Basadas en dicha definición afirman: «los puntos de vista por detrás no pertenecen al narrador, sino que están incluidos en la globalidad de la visión 'con' del personaje. Lo principal de esta obra es la utilización de los pronombres. Siendo éstos normalmente categorías vacías, se les infunde mediante la visión 'con,' existencia autónoma, cuando en realidad son proyecciones en imagen del yo Artemio Cruz» (100). Citan también las críticos el punto de vista 'con' de Catalina.

51.   Susan Sniader Lanser, *The Narrative Act: Point of View in Prose Fiction* (Princeton: Princeton University Press, 1981), 100.

CAPITULO IV

EL TIEMPO

. . . de mí y de él y de nosotros tres ¡siem-
pre tres! . . .

Gorostiza, *Muerte sin fin*

Hemos anunciado antes la interrelación de «punto de vista» y tiempo, y su generación y planificación consciente por parte de Fuentes a partir de los epígrafes tercero y cuarto, del título y del nombre. Entremos, pues, en el segundo de estos aspectos, una vez transcrito el epígrafe que hace llamada a la importancia del tiempo.

En estudios de Mendilow y, especialmente, Noon se nos habla de dos tipos de tiempo, uno físico y otro paiscológico.[1] Mendilow añade desde una perspectiva diferente que en una novela hay que distinguir cuatro tiempos: el del lector, el del autor, el del pseudo-autor (narrador para nosotros) y el del tema de la novela.[2] Nos servirá todo ello para clarificar los aspectos del tiempo en *La muerte de Artemio Cruz*, con una perspectiva diferente a la de los críticos anteriores de esta obra, acercamiento que nos conduce a desentrañar problemas y sentidos que se escapan no sólo a las soluciones temporales de aquellos y otros críticos sino a la misma temporalidad convencional.[3]

1. La dimensión mítica

En nuestro estudio nos fijamos en la importancia del tiempo psicológico de esta obra de Fuentes, lo que no contradice lo dicho por René Jara quien, partiendo de un acercamiento mítico, establece un tiempo «mitopoyético,» en menoscabo también del tiempo puramente físico.[4] En este sentido, de nuevo el nombre del protagonista nos conduce, como generador autoconsciente de la obra toda, a otra significativa combinación anagramática, ya que con diez de sus once letras obtenemos la frase *Crear Mitoz*. El mismo Carlos Fuentes corrobora tal dimensión mítica cuando habla con Rodríguez Monegal del futuro de la novela latinoamericana:

> parece que no nos queda sino una posibilidad mítica, una posibilidad de recoger ese pasado, de salir de ese pasado, que es pura historia, historia mostrenca, para entrar en la dialéctica. Salir de la historiografía, de la redacción de la historia, para entrar en la dialéctica, que es hacer la historia y hacerla con los mitos que nos dan los hilos de Ariadna de todo ese pasado utópico y *épico* para convertirlo en otra cosa. A través del mito, re-actuamos el pasado, lo reducimos a proporción humana.[5]

Este propósito mítico de Fuentes se convierte, pues, en *La muerte de Artemio Cruz* en logro autoconsciente. No obstante, Jara piensa que esa fuerza motriz mitopoyética va en contra de la verosimilitud psicológica. Es cierto que narrador y personajes son ajenos a la realidad espacio-temporal, pero no creemos que lo sean a la psicológica de Artemio. Al contrario, existe un orden psicológico proveniente del espacio mental de Artemio, que unido al plano mítico otorga a la obra una doble dimensión mediante la que se trasciende la realidad humana en realidad artística. Para llegar a ésta se vale Fuentes, pues, de una estructura de apariencia caótica, pero ordenada en cuanto a una lógica mental. La base de dicho artificio se halla en la utilización consciente de la técnica del «punto de vista,» que hemos examinado, y del tiempo, que estudiaremos a continuación.

Por todo ello, no es la «historia,» o desarrollo cronológico de los hechos lo relevante en *La muerte de Artemio Cruz*, sino la «trama» u ordenamiento causal, ya que para el proceso psicológico de Artemio lo que importa no es la cronología física de los hechos sino la cronología mental, es decir, la secuencia causa-efecto.

2. *Diversidad del tiempo físico*
en su triple aspecto gramatical, semántico y durativo

Si aislamos la acción de las tres narraciones, podríamos hablar de tres tiempos gramaticales en concordancia con tres duraciones diferentes de tres narradores formales distintos. Hablaríamos con ello del tiempo físico. En cuanto a los tiempos gramaticales nos habla Nelson Osorio de tres tiempos diferentes (presente, futuro, pasado), correspondientes a tres personas verbales (yo, tú, él).[6] Cada secuencia aparece en una formulación lingüística propia. Ello es sólo cierto a nivel gramatical, puesto que en el nivel semántico estos tres tiempos gramaticales se reducen a dos: pasado y presente. El pasado se corresponde fielmente a la narración en tercera persona; el presente a la de 1ª. Queda la sección del «Tú» como problemática. Existe en ella una proyección de futuro desde el pasado inmediato hacia el presente, lo que es un nivel temporal de imposible expresión lingüística en castellano. Como solución al problema de esa proyección se utiliza el futuro gramatical que no lo es en sentido estricto; sería una especie de pasado cercano de efectos futuros lanzados sobre el presente. Existen en esta segunda sección otras dimensiones temporales que se solucionan mediante el futuro gramatical, como es el futuro de mandato, al modo bíblico o apocalíptico (lo que ofrece una dimensión moral a veces paródica). También nos hallamos con el futuro de probabilidad y/o de obligación de cuyo uso el mismo Artemio-Tú nos avisa: «recordarás eso en particular porque *será (debe ser, no pienses todo en futuro desde ahora)* una chica muy guapa . . .» (13) (subrayado nuestro). Este futuro de probabilidad está también presente en la narración en primera persona: «algo así te debe haber dicho . . . y tú [Catalina] le [a Teresa] *habrás respondido*: 'Dios mío, que no sufra demasiado'» (29) (subrayado nuestro). Por otra parte, frente al pasado anterior del «El» existe un pretérito inmediato del «Tú»—«Ayer volarás desde Hermosillo . . .» (13). En este sentido la correspondencia temporal y afectiva se ordena en la mente del lector: de la inmediatez del «Yo» a la lejanía del «El» pasando por un punto intermedio en el «Tú.»

En el sentido estrictamente temporal el futuro real falta. Pero eso no es del todo cierto; la última palabra de la obra es y anuncia ese futuro: «moriré.» Fuentes se ha cuidado antes de omitirlo, para resaltarlo más mediante su ausencia. Recordemos que el título de la obra es *La muerte de Artemio Cruz*, no su agonía. Por eso, es precisamente el futuro el tiempo físico más importante de la obra, aunque casi no se halle en ella. Estamos hablando del futuro real que se sale del texto y va más allá, el de la *muerte* de Artemio Cruz y lo que haya—¿esperanza?—si lo hay, tras ella. Carlos Fuentes, en estudio sobre el tiempo en Octavio Paz, dice: «en el instante de esa cristalización absoluta de la cronología, ésta, milagrosamente se desdobla: el tiempo deja de ser ajeno sólo para empezar a ser objeto de una nostalgia [que en *Artemio Cruz* es el recuerdo de las doce memorias] y de una esperanza»—

que en *A.C.* es precisamente el futuro.[7] «Qui sait ce que l'on trouve dans l'autre vie? . . . Peut-être rien de toute,» decía Julien Sorel en *Le Rouge et le Noir*.[8] Existe, sí, *algo* más allá de *La muerte de Artemio Cruz*. Ese algo nos queda aquí: es el mundo y el México de ayer, anteayer, hoy y mañana: «Tiene una razón tu cuerpo ... Tiene una razón tu vida ... Eres, serás, fuiste el universo encarnado ...» (313). Artemio Cruz es el «arte-mío» del protagonista y la «cruz» o encrucijada del pasado, presente y futuro históricos, con sus cargas culturales, sociológicas, lingüísticas, psicológicas, económicas, ideológicas, religiosas, individuales, . . . Artemio Cruz es el pasado indio y español—de Isabel Cruz o Cruz Isabel—es Ireneo, es Atanasio, es la revolución (o «rebeldía» que dice Jara) sin terminar, es Catalina y Teresa y Lilia y Laura y Padilla y Jaime Ceballos y Luis y Capdevila y Couto e Ibargüen y Régules y . . . es fatalmente la muerte de Artemio Cruz misma, o sea, el futuro de México, es . . .

> tú serás el futuro sin serlo, tú te consumirás hoy pensando en mañana: ellos serán mañana porque sólo viven hoy:
> tu pueblo
> tu muerte: animal que prevés tu muerte, cantas tu muerte, la dices, la bailas, la pintas, la recuerdas antes de morir tu muerte:
> tu tierra:
> no morirás sin regresar: . . . (278).

Es el regreso azteca de que hablábamos más arriba, puesto que en su teogonía la muerte es origen de la vida. Es la *Muerte sin fin* que Gorostiza dice, baila, pinta y recuerda poéticamente. Esa rica y sugestiva ambigüedad es y será *La muerte de Artemio Cruz*.

Al hablar de duración tenemos que realizar también tres apartados; el primero, correspondiente a la narración de la memoria de Artemio, abarca del 9 de abril de 1889, fecha de su nacimiento, al 31 de diciembre de 1955. Al segundo corresponden las doce horas que transcurren desde que Artemio sufre el colapso, y que se nos ofrecen en la narración del «Tú,» del «Ayer» (del nueve al diez al abril de 1959). Sólo a este segundo periodo se puede referir Benedetti al hablar de «las doce horas de agonía.»[9] Pero existe además el tiempo del «Yo,» que, por un diálogo que se nos transcribe a través del recuerdo del narrador de primera persona en el principio del «sujet» o presentación actual del «texto,» sabemos que es de algo más de dos horas: «. . . ¿Cuándo orinó por última vez? —Esta mañana ... no, hace dos horas sin darse cuenta. . . . Otra vez ese artefacto frío» (223) (lo que recuerda el principio mismo del texto). Además de esas tres dimensiones de duración en cada narración hay alusiones a un pasado más lejano aún, que alcanza a los tiempos de las teogonías indígenas y la época de la conquista española.

3. *Unidad en el tiempo psicológico*

El examen que acabamos de realizar sobre el tiempo físico en su triple aspecto gramatical, semántico y de duración puede ofrecernos la idea de una obra fragmentada en segmentos muy definidos. Nada más lejos de la realidad. Posee esta novela la rara virtud de la diversidad y la cohesión, la variedad y la unidad. Los tres tiempos, los tres periodos, las tres narraciones son inseparables y están profusamente entrelazados.[10] Autoconscientemente, de esa unidad y diversidad se hace eco el texto mismo de la obra en las incrustaciones de vidrio en que se rompe, diversificándose, el rostro único de Artemio, y sugiriéndosenos, en connotación doble, una clara comparación de la novela a una esponja:

> Dicen que las células de la esponja no están unidas por nada y sin embargo la esponja está unida: eso dice, eso recuerdo porque dicen que si se rasga violentamente a la esponja, la esponja hecha trizas vuelve a unirse, nunca pierde su unidad, busca la manera de agregar otra vez sus células dispersas, nunca muere, ah, nunca muere (88).

La esponja o la novela es una y diversa, de igual forma que el rostro único y múltiple de Artemio, roto en el reflejo sobre los vidrios del bolso de Teresa. Si los tiempos físicos confieren diversidad a la obra, existe un tiempo psicológico, el tiempo más propio de la novela, que le otorga unidad. En este sentido en *La muerte de Artemio Cruz* la dimensión temática temporal es acronológica. Como ya hemos dicho, nos hallamos ante un proceso mental. Este tiempo «no tendrá otra realidad que la creada por tu cerebro» (207). Es simple y llanamente «el tiempo que inventarás para sobrevivir» (207), dice Artemio-Tú. El problema y solución al «punto de vista» es en alguna manera semejante al del tiempo. Si en aquel caso había un narrador único que se desdoblaba en tres, en éste existen tres tiempos físicos diferentes que se unen en uno solo psicológico. Para aplicar ese tiempo mental creado, podemos citar de nuevo a Mendilow, quien dice que en el proceso mental, «the tenses are confused or rather fused, so that the past is felt not as distinct from the present but included in it.»[11] En este sentido es acertada la observación de René Jara al destacar el carácter aorístico del pasado, ya que el aoristo es un tiempo pretérito cuyos efectos continúan, y ese sentido de causa-efecto es precisamente el ordenador de la novela.[12] «The past is not separate and completed but an ever-developing part of a changing present,» dice Mendilow.[13] Esta vista de un «presente eterno» en que se funde el pasado, es, como apunta el anterior crítico, esencialmente moderna, proveniente de Meredith y Henry James, y continuada por Richardson, Joyce, Faulkner. . . ;[14] y aún más cerca en el tiempo y en el espacio, Octavio Paz, cuyo tiempo poético y ensayístico le sugiere a Carlos Fuentes una frase en cercano contacto con lo que vamos diciendo: «. . . que el tiempo se detenga y el irrepetible instante sea la eternidad.»[15] De nuevo nos hallamos con una evidente oposición a la idea del tiempo tradicionalmente humano que Montaigne toma de Lucrecio, y en el que se constata un presente fugaz e inaprehensible: *Jam fuerit, nec post unquam revocare licebit.*»[16]

Por todo ello, en su más propio sentido, en *La muerte de Artemio Cruz* no existe la común sucesión de tiempo, sino un tiempo psicológico en oposición al físico. De esa forma el tiempo físico aparente se mitifica mediante el empleo de un tiempo psicológico. En oposición a lo tradicional, de igual manera que en *La destrucción o el amor* de Vicente Aleixandre, el amar y el morir son símbolos de vida eterna y de permanencia. Unas palabras que Carlos Fuentes dice refiriéndose a la muerte en *Pedro Páramo* de Rulfo, nos desvelan también el sentido de la muerte en *Artemio Cruz*: «El fin absoluto contiene en su abrazo todas las posibilidades del pasado, del presente y del futuro. . . . En la muerte, retrospectivamente, sucede la totalidad.»[17]

4.   *La exposición: ¿un problema temporal o causal?*

Esta circunstancia de atemporalidad hace difícil en *Artemio Cruz* establecer un espacio determinado a la «exposición,» puesto que, si seguimos las teorías de Sternberg, «expositional communication» es «a time problem par excellence.»[18] Si queremos identificar, pues, la exposición hemos de tomar el tiempo físico como punto de partida.

Considerando la función de la exposición como un informe al lector de algunos aspectos generales y específicos del mundo ficticio en que entra, podríamos establecer varios tipos de exposición en la obra. [19] Siguiendo las pistas que Sternberg nos ofrece para hallar el comienzo de la exposición, nos enfrentamos a dificultades sumas. ¿Cómo encontrar esa «ocasión discriminada» de que hablaba ya Henry James? Fuentes no nos ofrece ninguna de las pistas concretas del tipo, «Erase una vez . . . ,» «Un día. . . .» Tenemos, pues, que acudir a lo que Sternberg llama «indicadores de exposición,» que pueden ser cuantitativos, cualitativos, formales, temáticos.

Siguiendo «indicadores cuantitativos» podríamos buscar la exposición considerando la relación entre el «tiempo representado» (tiempo en la vida de los personajes) y el «tiempo representacional» (el que ocupa el lector en leer ese «tiempo representado» y que se manifiesta en términos de espacio narrativo). Cuando ambos tiempos se acercan en extensión, es decir, cuando do la relación entre ellos se baja, nos hallaríamos ante la «ocasión discriminada» que daría paso al «presente de ficción.» En *La muerte de Artemio Cruz* podemos distinguir cuatro tipos de «relaciones temporales.» En primer lugar se hallan los sucesos anteriores al nacimiento de Artemio, es decir, todos los prolegómenos familiares (los Menchacha e Isabel Cruz Cruz Isabel), socio-económicos (caciquismo y pobreza) y políticos (conquista y revoluciones). La «relación temporal» es en este caso extremadamente elevada. Se puede afirmar después de un rápido cálculo mental que siempre es superior a 1:500.000 (en que 1 representa el tiempo de lectura o «representacional» y 500.000 el tiempo representado en la vida de los personajes). El segundo grupo o unidad temporal lo constituiría la narración en 3ª persona. La «relación temporal» disminuye aquí considerablemente. Si consideramos, por ejemplo, el episodio del nacimiento de Artemio, el «tiempo representacional» (o de lectura) es más o menos de un minuto; el «tiempo representado» no lo conocemos a ciencia cierta, pero se nos podría permitir adivinar la duración de la última parte del parto que se describe, entre una y dos horas. Ello nos daría una «relación temporal» aproximada de 1:100. La «relación temporal» de los otros episodios del pasado lejano de la vida Artemio Cruz, oscilaría alrededor de esa cifra. Pero existe un problema: y es, que sólo se nos dan doce segmentos diferentes de la vida de Artemio representada en la narración en tercera persona. Por tanto si la relación temporal de cada episodio es la inmediatamente antedicha, la de todos ellos en conjunto es más elevada. Si consideramos el tiempo de lectura o «representacional» en siete horas, la relación sería en torno a 1:85.000.

Al considerar en tercer lugar el tiempo «representacional» de la narración en 2ª persona en dos horas, y sabiendo que el tiempo «representado» es de doce, la «relación temporal» se reduce: 1:6.

Por último, en el caso de la narración en 1ª persona podemos calcular la misma extensión de espacio «representacional,» frente a más de dos horas de «tiempos representado,» lo que nos ofrece una relación cercana a la unidad.

De acuerdo con estos indicadores cuantitativos llegaríamos a las tres posibilidades en cuanto a exposición se refiere: a) Exposición = prolegómenos. b) Exposición = prolegómenos + memorias. c) Exposición = prolegómenos + memorias + narración-Tú. En el primer caso (exposición = prolegómenos) la exposición se hallaría distribuida por toda la novela—de forma que estaría tratada como parte de la acción principal y no subordinada a ella—e incluiríamos en el «presente de ficción» el pasado lejano de El, el cercano del Tú y el presente del Yo que nos ofrecen «ocasiones discriminadas» más amplias, o sea, relaciones temporales más cercanas a la unidad que en los prolegómenos. Llegamos al segundo caso si sumamos a los prolegómenos la narración en tercera persona, puesto que en las de primera y segunda existe una relación temporal menor, que las hace «discriminadas» respecto a prolegómenos y narración en tercera persona. Y en último lugar el «presente de ficción» podría estar constituido únicamente por la narración en primera persona, de forma que la mayor parte de la novela sería una amplia exposición temporal formada por los prolegómenos distribuidos en unidades discontinuas, y por las narraciones de tercera y segunda personas que aparecen en bloques escénico-narrativos separados. Es decir, que la exposición abarcaría desde el nacimiento mismo de Artemio y aún todos los prolegómenos familiares, socio-económicos, políticos e históricos, hasta el momento en que el enfermo se despierta después del colapso en el principio mismo del «sujet» (u orden de presentación en que aparece el texto) el 10 de abril de 1959.

Esta última parece la delimitación más apropiada de acuerdo con lo que convencionalmente se entiende por exposición, pues no parece muy convencional incluir en el «presente de ficción» el pasado y el presente simultáneamente. Pero, por otra parte, en cualquiera de los tres últimos grupos (Yo-Tú-El) el autor «encuentra una sección temporal suficientemente consecuente para merecer un completo tratamiento escénico,»[20] lo que constituiría de por sí razón suficiente para formar parte del «presente de ficción» y, por ello, no ser material expositivo. Esto sería considerar los «factores de concreción» de que también habla Sternberg, con lo que llegaríamos a los mismos cuatro grupos de relaciones temporales diferentes. En el 1er grupo de los prolegómenos las situaciones son generalizadas y desconcretizadas con motivos estáticos. Muy esporádicamente, no obstante, se nos dan acciones específicas, concretas y dinámicas, como es el caso de la muerte de Atanasio o la prisión de Ireneo. En cada nuevo grupo narrativo las acciones se van haciendo más específicas y concretas; siendo el último, el del Yo, el más rico en concreción. Con todo, este factor cualitativo de concreción se halla en los tres últimos grupos de primera, segunda y tercera personas ricamente representado.

¿Se puede, pues, hablar de exposición como problema temporal en *La muerte de Artemio Cruz* sin que ello nos lleve a la confusión? Dudamos que la palabra exposición pueda aplicarse a nuestra obra en el sentido tradicional que se le viene dando al término y que Sternberg transcribe. No obstante, gracias a ello, hemos podido llegar a descubrir un empeño en Fuentes por escaparse de la exposición convencional y por manipular el interés narrativo mediante interrupciones o discontinuidades que, a la vez, enriquecen la distancia estética. El lector tiene que reconstruir retrospectivamente las escenas que anteceden en el texto, añadiendo, modificando, e incluso cambiando drásticamente el sentido, a medida que lee *La muerte de Artemio Cruz*. En las relaciones, por ejemplo, de Artemio-Regina, que se nos presentan en un principio como idílicas, más tarde llegamos a saber por el mismo Artemio que se iniciaron mediante un acto de violación. Estos y otros hechos finalmente nos conducen a que abriguemos serias dudas sobre los sentimientos de Regina u otros personajes, que se nos ofrecen únicamente a través de la perspectiva de Artemio, quien podría engañarnos encubriendo consciente o involuntariamente algún detalle sobre su actitud de ellos, como antes nos había ocultado el hecho de la violación de Regina.

Estos descubrimientos nos llevan también a sospechar que Artemio Cruz oculta o cambia los hechos en busca de su justificación. Ya en la primera sección de la narración en segunda persona hallamos la preocupación de Artemio por su futura fama: «No sabrás cuáles datos pasarán a tu biografía y cuáles serán callados, escondidos» (16). Precisamente para evitar esa posible «historia negra» tiene desde el principio la intención de justificarse a sí mismo y sus acciones: «Te disculparás,» dice Artemio-Tú-voluntad en los albores de la novela (14).

De acuerdo con ello, el autor ha de buscar un encauzamiento causal y no cronológico de los acontecimientos. De allí la dificultad y confusión de la exposición, si la consideramos como un fenómeno temporal. Si, en cambio, examinamos la «trama» es decir, los sucesos narrativos en orden de causalidad, la estructura de la obra y la introducción expositoria parecen definidas y con un sentido evidente de cuidada ordenación y estructura, a pesar de su caótica apariencia. Los doce episodios de su vida no se presentan en un orden arbitrario, siguiendo la arbitrariedad del subconsciente,[21] puesto que éste sigue un orden propio que no tiene por qué ser arbitrario y que de hecho es más profundo que el de la propia voluntad: «quisieras recordar otras cosas, pero sobre todo quisieras olvidar el estado en que te encuentras. *Te disculparás*» (14) (subrayado nuestro).

Artemio Cruz despierta al principio del «sujet» a las puertas de la muerte, por lo que quiere ofrecer a nosotros (lectores) y a sí mismo una justificación de su vida. El «Yo» nos ofrece el estado presente de su corrupción física cercana a la muerte, y la corrupción moral y de ideas del mundo que lo rodea. Se observa en este Artemio agonizante una cierta dimensión de grandeza que no hallamos en todos los demás personajes del presente, como Catalina, Teresa, Padilla, . . . El «Yo» nos muestra que es consciente de ser «arte-mío»; «Yo soy quien soy» que decían los personajes de Calderón en sus monólogos cuando tenían más honda consciencia de sí mismos; es decir, ser él mismo, su propia hechura con sus faltas, sus cobardías, sus arbitrariedades y su corrupción moral en sentido estricto. Ha llegado a ser auténtico a base de inautenticidades. Llega a ser y reconocerse el verdadero Artemio Cruz con todo lo triste y pérfido que su esencia conlleve. Los demás pululan a su alrededor alimentados por la corrupción económica, política, social y moral que Artemio les ofrece, sin que ellos quieran reconocerla. Al menos, ésta es la imagen que el narrador nos presenta.

Para llegar a ser Artemio Cruz, el verdadero, ha discurrido por una vida que se nos justifica en el pasado, en la memoria, en el reconocimiento y juicio moral o amoral de sí mismo. Este enfrentamiento a su justificación es claro en algunas ocasiones en que se compara a los demás:

> aceptarán tu testamento: la decencia que conquistaste para ellos, la decencia; le darán gracias al pelado Artemio Cruz porque los hizo gente respetable; le darán gracias porque no se conformó con vivir y morir en una choza de negros; le darán gracias porque salió a jugarse la vida: *te justificarán porque ellos ya no tendrán tu justificación*: ellos ya no podrán invocar las batallas y los jefes, como tú, y escudarse detrás de ellos para justificar la rapiña en nombre de la revolución y el engrandecimiento propio en nombre del engrandecimiento de la revolución (subrayado nuestro) (276).

Ahí está la grandeza presente de Artemio: en ese reconocimiento y conciencia cruda de su propia personalidad frente a la de los demás. Pero nunca debemos olvidar, por otra parte, la perspectiva unitaria de la novela: la de Artemio, aunque yazca escondida bajo «puntos de vista» aparentemente diferentes. El narrador nos lleva adonde él quiere y así se justifica a sí mismo en su memoria y en sus recuerdos, como un refugio en este momento de máxima dificultad y sin posibilidad de opción.[22]

Este refugio de Artemio decimos que es una justificación. Ello se puede demostrar mediante el desarrollo de la «fábula» de la novela en que existe un cierto determinismo: Artemio, con un padre que quiere matarlo, con una madre asesinada cuando trae a la vida al hijo, con su más caro amigo también alevosamente muerto, con él mismo prófugo de la ley e injusticia del cacique de turno, con una revolución que mata su primer amor, sólo tiene una salida para «sobrevivir»: actuar y «escoger» como lo hizo, aprovechándose de la revolución, del cacique, del amor; convirtiéndose él mismo en amante despiadado, en cacique, en revolución.[23]

Tanto a «fábula» como a «trama» les es inmanente esa causalidad, lo que se corresponde al devenir vital del Artemio-presente, ya que, en palabras de Culler, «el yo es una construcción y un resultado,» o dicho de otra forma, «el 'yo' no está dado, sino que llega a existir, en una imagen especular que empieza en la infancia, como aquello que otros ven y a lo cual se dirigen»[24] sin que con ello contradigamos que en este caso el 'yo' sea expresado por él mismo, protagonista, de forma subjetiva y justificativa, puesto que «moi seul, je sais se que j'aurais pu faire... Pour les autres, je ne suis tout au plus qu'un *peut-être*» (7).

5. El orden causal acronológico de la «trama»

Si seguimos la «trama» en su estructura causal, nos lleva circularmente a justificar también la vida de Artemio. Fuentes no describe el movimiento de la acción en el tiempo sino la estructura del conflicto. Divorcia éste del movimiento temporal real de la acción, escudado en el plano atemporal en que la «acción mental» se desenvuelve. Los críticos que se cegaron por el movimiento tradicional del tiempo sólo podían ver caos en la novela. Pero si echamos mano del instrumento crítico de la «trama» nos damos cuenta del perfecto orden causal de ésta, de naturaleza mental, hasta el punto de que descubrimos que el orden de la «trama» u orden causal coincide con el del «sujet» u ordenamiento efectivo del texto.

El orden causal de la «fábula» ha de ser, de acuerdo con las definiciones de Sternberg, cronológico-espacial;[25] la causalidad de la 'trama,' en cambio, puede ser acronológica, perteneciendo en nuestro caso concreto al espacio mental que no deja de tener su orden psicológicamente lógico.

Para ser más exactos, sí que existe en nuestra obra el tiempo convencional que se mueve en orden cronológico con el avanzar del texto: hablamos del espacio temporal del Yo que empieza en un despertarse a causa del «contacto de ese objeto frío con el miembro» (9) y, tras doce desmayos, termina, como ya dijimos, algo más de dos horas después con la caída en la inconsciencia total y definitiva de la muerte, momentos después de que finalice el texto: «moriré» (316). Precisamente en este cuadro temporal queda encuadrado el otro tiempo, el más importante en la novela tanto en extensión como en significación y contenido: el mental, base de la trama de la obra. Gyurko dice que «Fuentes' novel, is plotless,» porque «temporally the limits of Cruz's existence have been determined.»[26] Ello no es del todo cierto, puesto que en la «trama» (plot) lo que importa no es la cronología del espacio físico—eso pertenece a la «historia»—sino la cronología del espacio mental. En *La muerte de Artemio Cruz* Yo-Tú-El, pasado lejano o cercano, presente y futuro son un eterno presente mental en que el único movimiento no es espacial sino psicológico. Es cierto que los límites de la existencia de Artemio ya están determinados temporalmente; por eso no se nos presenta una historia ordenada cronológicamente, sino que Fuentes se sirve de un relato que justifica ante el lector al protagonista por las causas y motivos del estado actual de Artemio en los límites de su existencia. La trama es un concepto abstracto que el lector crea a partir de los datos que le entrega el narrador por sí mismo y por los personajes. Por eso la, según Gyurko, «corriente no causal» de las impresiones y sensaciones de la primera persona es elaborada por la voluntad vital del Tú, quien a su vez forma asociaciones que llevan a mostrarnos los diversos recuerdos recuperadores de su vida. Y hace esto en un orden pensado para convencerse a sí mismo y al lector «participante» y «reconstructor activo» de esa trama, y «cocredor»— que llamaría Gyurko—,[27] para convencerse y convencer al lector, repetimos, del por qué de esa vida que vivió cronológicamente y que ahora revive con la lógica causal de su espacio y tiempo mentales.

Jonathan Culler apunta que cuando realizamos un resumen de una trama, excluimos de ella las acciones que no tienen «consecuencias,» las cuales sólo forman parte de la trama bajo la etiqueta de «reflexiones»; todo ello parece concordar con la tesis de Sternberg en cuanto a la trama como fenómeno causal.[28] En este sentido el narrador Artemio, en su múltiple apariencia, nos ofrece un mapa de las acciones de su pasado con «consecuencias» en su estado presente. Cada núcleo de cada uno de los doce episodios de sus memorias se constituye en un amplio resumen de las acciones que Artemio considera, en el proceso mental presente, como hechos de «consecuencias» importantes. Ese relato «consecuencial» nace en las reflexiones del narrador-protagonista de las secciones de primera y segunda persona, quien nos proporciona los fundamentos determinantes e idóneos para que podamos «intentar establecer una serie causal coherente, en que episodios distintos se interpreten como etapas hacia un fin.»[29] De esa manera y en marcha paralela a la tarea del narrador, de nuevo en palabras de Culler, «al componer un estado inicial y otro final, el lector recurrirá a una serie de acciones, que puede organizar como una secuencia causal, de modo que lo que se nombra como el estado que la estructura temática más amplia requiere es, a su vez, un desarrollo lógico.»[30]

Si seguimos el orden en que se nos presentan las memorias que Artemio Cruz recupera, íntimamente ligadas a las secciones del Yo y del Tú, observamos esa causalidad y justificación. El primero de los recuerdos funciona como una especie de exposición (¡4ª exposición!) de la «trama,» en unión a las correspondientes secciones de 1ª y 2ª persona del primer apartado, ya mencionadas; exposición esta vez no temporal. Se nos presenta a Artemio Cruz viviendo en la prosperidad económica, política y social, en medio de intereses y costumbres importados de Yanquilandia. Se nos habla del medio en que ha vivido y vive y de los procedimientos de los que se ha valido para alzarse a esa posición, entre los que se hallan la traición a sus amigos y a su país. Paralela y simultáneamente, el narrador, frente a esa cruel dinámica de Artemio, nos presenta la actitud pasiva y ñoña de Catalina y Teresa que, acusándolo, viven a costa de aquella dinámica. Estos hechos tienen una base real, pero también pueden ser parte de la imaginación de Artemio-Yo, que contrasta su actividad frente a la pasividad de los suyos, en favor de sí mismo y en contra de «esa humanidad sin atractivos en que las dos se han convertido» (31), que dice Artemio en la próxima narración de primera persona. Eso parece ser claramente un episodio expositivo; la exposición no es, pues, temporal sino causal.

6. *Hacia la justificación del narrador-protagonista*
por un ordenamiento clásico: exposición «tramática»;
desarrollo y peripecia; catástrofe o desenlace

A continuación, episodio por episodio asistimos al desarrollo causal de la «trama,» en un avance mental progresivo hacia la degeneración, corrupción y falsedad. Esta desintegración progresiva del protagonista se interrumpe en varias ocasiones en busca del interés narrativo, deudor de la «peripecia» de la tragedia clásica.

En el segundo episodio se entra ya de lleno en la historia, o mejor dicho «trama,» ofreciéndosenos el principio de su éxito y riqueza gracias a una traición individual que le sirve para derribar a Gamaliel Bernal y arrebatarle no sólo su poder sino incluso a su única hija, Catalina.

El tercero es el capítulo del amor de Regina (parece que verdadero, al menos por parte de Artemio), destrozado por el hado, o mejor dicho, por las circunstancias sociales, políticas, de guerra. En este sentido el determinismo político-social justifica y a la vez empuja a Artemio a su protagonismo diabólico mediante una «trama de castigo» a los demás. Al mismo tiempo, siendo perverso, se redime mediante una «trama de reforma:» reforma negativa por ir hacia la perversión y no hacia la bondad, que halla en el comienzo su justificación; o, lo que es lo mismo, podríamos hablar de «trama de degeneración,» aunque, eso sí, justificada.[31] El episodio, aunque con valores negativos (el abandono del soldado, el figurar como héroe no siéndolo), nos pinta a un Artemio capaz de amar.

En la siguiente sección del recuerdo, por contraste, se nos presenta el aspecto negativo del amor mediante su matrimonio con Catalina Bernal, por interés. Con todo, se abre una esperanza de salvación, de nuevo mediante un amor verdadero que no se llega a virtualizar por la cobardía de ambos y por su falta de autenticidad. Intentamos disculpar a Artemio, pareciéndonos sincero cuando más adelante nos dice que ha solicitado un perdón que Catalina, ofuscada en su pasado, no le concede. Pero no debemos olvidar que tenemos la perspectiva de Artemio. Entretejido a esta situación familiar y a la fidelidad interesada del indio Ventura, traidor de los suyos, se halla el engaño a los campesinos, a quienes libera de un yugo para someterlos al suyo propio. Todo ello va bien encaminado con miras a la conquista de un puesto como diputado local.

Estas circunstancias familiares y locales arrastran fatalmente a Artemio a la tradición nacional, cambiando de partido por interés propio, chaqueteando como le pedirá «el gordo,» por «el mayor bien posible para la patria: mientras sea compatible con nuestro bienestar personal» (124). Pero el Tú busca disculpar aquella traición: «Tú no escogiste aquella noche» (125). Fue el padre Sebastián quien le había enseñado a escoger, a «ser un hombre libre, no un esclavo de los mandamientos escritos sin consultarte,» para que de esa forma «tú pudieras valerte en la vida y crear tus propias reglas: tú rebelde, tú libre, tú nuevo y único» (125). Artemio «siempre había escogido bien, al gran chingón, al caudillo emergente contra el cuadillo en ocaso» (137), al Señor Presidente, a quien se contenta con destruir de momento sólo en el lenguaje: «Ol soñor Prosodonto, Al Sañar Prasadanta» (137); pero esa actuación es justificable puesto que «tú no serás culpable de la moral que no creaste, que te encontraste hecha» (124-125). La traición no es tal, sino que es únicamente «sobrevivir,» o vivir, ya que «vivir es traicionar a tu Dios; cada acto de la vida, cada acto que nos afirma como seres vivos, exige que se violen los mandamientos de Dios» (123-124).

Pasamos de nuevo a un marco más personal al presentársenos las relaciones con Lilia, de conveniencia y sin amor, que ofrecen una degeneración más profunda. Artemio descubre «el cáncer del tiempo» (154), precisamente a orillas del espumante mar y bajo un sol tropical lleno de vida, un paraíso de niños y jóvenes y acompañado de Lilia, esa fragante flor liliácea, ese «convólvulo» que junto a él es—se sugiere en la narración posterior de primera persona—una de esas «plantas que necesitan la luz de la noche para florecer. Esperan hasta que salga la oscuridad. El convólvulo abre sus pétalos al atardecer» (141). Durante el día esa enredadera comprada permanece adormecida, a no ser en contacto con la juventud, con Xavier Adame. Artemio, sin embargo, siguiendo «el orden de la chingada,» queriendo «ultrajar como joven lo que debías agradecer como viejo» (147)—en frase inmediatamente anterior del Tú—y consciente de ese «primer día sin juventud, primer día de un tiempo nuevo» (147) en compañía de «una chica para las vacaciones» (152), aún consigue en parte postergar ese cáncer mediante medicinas restablecientes y olorosos cosméticos, contentándose con ese comprado amor físico nocturno y a pesar de que los demás lo consideren con Lilia, el dúo de «la bella y la bestia» (161).

Esta vista negativa, se acentúa con las nuevas traiciones, en este caso individuales y nacionales, sobre el Yaqui Tobías y el idealista desengañado Gonzalo Bernal. Si en el episodio tercero justificaba el abandono del soldado herido por «salvarse para regresar al amor de Regina» (79), en este caso justifica la traición por aquel amor cuya memoria le pedía «que siguiera viviendo, como si una mujer muerta necesitara el recuerdo de un hombre vivo para seguir siendo algo más que un hombre vivo para seguir siendo algo más que un cuerpo devorado por los gusanos . . .» (198).

Se hace una especie de alto en la «trama,» en busca del interés narrativo, con la presentación de una nueva oportunidd de autenticidad mediante la redención por el amor de y a Laura. Pero, por inconveniencias sociales, también esta oportunidad es rechazada. Ese amor sólo es recuperable en el recuerdo, en su nombre, «Laura,» por el Yo del presente (206); pero se malogrará, como sabemos por la narración en segunda persona, «al elegir no,» a causa de «tu interés, tu miedo, tu orgullo» (209).

A continuación encontramos el episodio de su hijo Lorenzo, su otro Yo-Tú-El, lo que Artemio hubiera sido si hubiera escogido siguiendo los principios de moralidad convencionales y hubiera sido «auténtico.» La identificación se efectúa incluso a nivel de las parejas Artemio-Regina y Lorenzo-Dolores: «No lo obligarás a hacer lo que tú no hiciste, a rescatar tu vida perdida: no permitirás que en una senda rocosa, esta vez, mueras tú y se salve ella» (246). En donde «ella» tiene la doble connotación de Regina y Dolores y «tú» de Artemio y Lorenzo. Ello apunta además a la identificación de los episodios tercero y noveno. La importancia de este episodio es evidente por la repetición del «leitmotif» omnipresente en toda la novela («cruzamos el río a caballo»). El amor auténtico a Lorenzo y el dolor por la privación del hijo amado se plasma a todo lo largo de la obra, formando parte de la confrontación entre Artemio y Catalina, quien siente que Lorenzo le ha sido robado por su marido. Artemio, por su parte, se siente indeciso en su culpabilidad. Generalmente defiende la educación viril que ha dado a su hijo a pesar de Catalina, de forma que se siente orgulloso y satisfecho de «haberlo obligado a encontrar los cabos del hilo que yo rompí, a reanudar mi vida, a completar mi otro destino, la segunda parte que yo no pude cumplir» (242); este agradecimiento al hijo, según se dice en la narración en primera persona que sigue al episodio de Lorenzo, proviene también de la satisfacción de éste por esa experiencia heroica inolvidable de la lucha con los republicanos españoles; y así lo agradece al padre en una carta que el amigo Miguel envía póstumamente a Artemio. Pero el dolor es demasiado auténtico para que no exista conflicto en la mente de Artemio; por eso en el próximo episodio de la narración en segunda persona, Cruz reniega de toda su actuación y de todas sus elecciones: reniega de haber abandonado al soldado sin nombre, de no haber dicho «sí» a Laura y «no» al gordo, de no haber permanecido en la celda con Tobías y Gonzalo, de haberse impuesto a Gamaliel, de haber tomado a Lilia, de no haberse humillado suficientemente a Catalina confesando todos sus crímenes, de no haberse quedado con Lunero y el padre Sebastián, de haberse vendido a las costumbres y negocios yanquis . . . (246-247). De cualquier forma, también en este caso, mediante el triste fin de Lorenzo, parece rechazarse en la práctica la autenticidad de aquella vía idealista y heroica que Artemio podría haber seguido, justificando así su propia actuación efectiva.

Es sintomático el orden que guardan en el «sujet» y en la «trama,» los episodios de Regina, Laura y Lorenzo (3, 8 y 9); si ordenamos los episodios del pasado de Artemio cronológicamente observamos el feliz descubrimiento de que esos tres episodios son los únicos que ocupan idéntica posición en ambos ordenamientos: el del «sujet» o la «trama» causal y el de la «historia» cronológica[32] (3°, 8° y 9°). La estructura, como el estilo, no es mero adorno. Se expresa por sí misma. Habla de los tres únicos momentos de autenticidad de Artemio, en los que fue fiel a sí mismo, ofreciéndonos a la vez un juicio valorativo positivo de los co-protagonistas de esos episodios, Regina, Laura y Lorenzo, y del suceso en relación con la vida de Artemio. Todo ello, aunque esa autenticiadad sea rechazada, en el caso de Laura por el mismo Artemio, en los de Regina y Lorenzo por la injusticia bélica. Constituyen además estos episodios, como ya apuntamos, una múltiple peripecia, que, estratégicamente colocada, busca y provoca un «crescendo» en el interés narrativo.

Tras el episodio de la muerte de Lorenzo, la degeneración y falsedad se aceleran, llegando a su punto culminante en la noche de San Silvestre de 1955, en que la corrupción empieza a ser ya incluso corporal; degeneración corporal, pero, paradójicamente, cuando se halla en la cima de su poder y rodeado de la crema y nata de una sociedad aduladora y murmurante, y de una amante, Lilia, con menos dignidad que los majestuosos perros que, con la fastuosidad del resto del mobiliario, ensalzan su poder casi regio.

Se va llegando circularmente en el penúltimo episodio a los orígenes cronológicos, que lo son también causales, pues la injusticia de la muerte de Lunero, la del padre y de la madre, llevan a Artemio a ser el que es, el personaje corrupto moral, ideológica, social y políticamente, de «ayer,» 9 de abril de 1959 (Tú) y al evidentemente corrupto incluso corporalmente de «hoy,» 10 de abril de 1959 (Yo). En este penúltimo episodio se nos encuadra la niñez de Artemio en el último día de la vida de su tío, amigo y padre adoptivo, el fuerte y poético mulato Lunero. Como ocurría en los episodios de Lorenzo o de la separación efectiva de Catalina, existe una narración central que nos presenta a Artemio niño en su admiración y quehacer diario con Lunero, manteniendo a duras penas a flote los últimos estertores de la casa de los antiguos caciques, los Menchaca, antepasados paternos de Artemio. Con la mediación de ese narrador omnisciente e interesado de las narraciones de tercera persona, se nos introduce en el acontecer e incluso pensar de los últimos vestigios de aquella familia poderosa: don Pedrito, hermano de Atanasio el padre de Artemio, y Ludivinia, madre de los anteriores. A través de ellos se nos ofrecen los sangrientos antecedentes familiares de Artemio, con un abuelo, Ireneo, cacique omnipotente gracias a los favores del poderoso de turno—el general Santa Anna—, a las usurpaciones de tierras de sus legítimos dueños y a la mano de obra barata de los negros caribeños, entre los que hallamos a Lunero y su hermana Isabel Cruz Cruz Isabel. Digno hijo de tal padre es Atanasio, personaje duro que, a pesar de las adversidades del favor político, mantiene (hasta ser asesinado por el nuevo cacique) el poder con la cabeza alta, a la vez que fuerza esclavas, de una de las cuales nace su único fruto conocido, digno continuador genético de su sangre: Artemio. Es precisamente el día de su nacimiento cuando el padre mata a la madre, y hubiera asesinado al hijo si no lo hubieran matado a él antes y Lunero no lo hubiera defendido. Y es unos catorce años después, el 3 de enero de 1903, cuando Artemio recibe su herencia de sangre ejecutando, aunque sea por equivocación, a su propio tío don Pedrito, la rama débil, el parásito de la familia como ocurrirá después con Teresa. La abuela Ludivinia sale de su encierro de 35 años al reconocer y a reconocer su verdadera sangre corriendo por las venas de aquel niño, para morir, rebelde, ante el nuevo señor de levita que perseguirá a los dos fugados, Lunero y Artemio. La historia se repite. Es evidente que el narrador trata de justificar la actuación de Artemio de forma genética. Esta sangrienta *historia familiar*—india (los usurpados), española-occidental (generales españoles y franceses) y negra (Lunero e Isabel Cruz Cruz Isabel)—viene precedida de dos paralelos. En la anterior narración de primera persona se nos presenta a través de la consciencia del yo, en entrecortados «flashes» a veces de sólo una palabra o de un nombre, la *historia personal* pasada y presente—india (el Yaqui, Regina, los usurpados), española-occidental (Lorenzo, Laura, Dolores . . .) y negra (Lunero, Isabel Cruz Cruz Isabel)—de la vida de Artemio que conocemos a través de las narraciones de tercera persona y de las anteriores de segunda y primera. Por la narración correspondiente del Tú conocemos la *historia nacional* de México: india, española-occidental y africana. De esa forma el narrador proteico hace consciente el lector de que la actuación de Artemio no es sólo de origen genético sino incluso cósmico, dependiente de un pasado injusto de caciquismos y conquistas, de religiones y teogonías.

En *La muerte de Artemio Cruz* nos acercamos a un modelo freudiano, que alegoriza no sólo una visión de la psique del propio protagonista sino una reflexión sobre la desintegración de un momento histórico. Artemio es un ente individual e histórico, es él mismo y es México, aunque para Frederic Jameson este último sería el aspecto más interesante y útil de la novela examinada freudianamente a la luz marxista:

in the present context it seems more useful, or at least more interesting, to understand the Freudian vision of the psyche as
being itself a reflexion of the historic moment, when the older
autonomous rational consciousness begins to desintegrate,
when the Subject can no longer be felt as an autonomous and
intelligible whole in its own right, can no longer be seen as the
responsible agent posited by ethical criticism, but rather begins
to project an Other [el Artemio del pasado o el México histéri-
co] out of itself [el Artemio y el México de hoy], and to feel itself surrounded with the dark and inaccessible, yet ultimately
determinate realm of unconscious. The Freudian psychic
model is thus a kind of allegory of mind, in which consciousness suddenly understands itself in relationship to other hidden
absent zones of energy: such a discovery is tantamount to the
realization by consciousness that it is not a complete thing in
itself, not really autonomous, not wholly in control or wholly
intelligible in its own terms.[33]

Fuentes, mediante esa visión de la consciencia e inconsciencia del protagonista y de su mundo, nos trata de mostrar una visión completa del protagonista individual, social e histórico: Artemio-México.

Aquel episodio y el siguiente, a pesar de su crueldad, constituyen en
parte una última «peripecia.» Después de la degeneración de la noche de
San Silvestre, se colocan los episodios, en parte positivos y de autenticidad,
de Lunero y del nacimiento de Artemio, para caer finalmente en la catástrofe definitiva del episodio número 13, del colapso y agonía de las narraciones en primera y segunda personas que, desplegado en bloques monolíti-
cos, separa y une a la vez las narraciones en tercera persona de la obra toda.
Se completa así el círculo causal o «tramático» en el primer episodio de la
«historia» y/o último de la «trama,» en que la luz primera de Artemio se
mezcla con el asesinato de Lunero, del padre y de la madre, lo que determi-
nísticamente enlaza con el episodio número 13 de toda la novela, el del 9 al 10
de abril de 1959, el de las luces artificiales del quirófano de los facultativos
a sueldo, pura paradoja del poético Lunero; el del Tú y Yo, resumen y justificación de esta corrupción total. Unos versos de José Gorostiza podrían
representar una cabal descripción del estado necrófilo del último Artemio:

El aire se coagula entre sus poros
como un sudor profuso

> que se anticipa a destilar en ellos
> una esencia de rosas subterráneas.
> Los crudos garfios de su muerte suben,
> como musgo, por grietas inasibles, . . .[34]

Pero es ésta una corrupción que empieza al nacer, y progresivamente avanza no sólo en la historia, sino, cual acabamos de mostrar, en la trama para-mental de nuestra obra. Como dice Carlos Fuentes refiriéndose a *Pedro Páramo* de Rulfo y citando palabras de Georges Bataille sobre *Cumbres borrascosas* de Emily Bronte:

> La muerte . . . es el origen disfrazado. Puesto que el regreso al tiempo instantáneo de la infancia es imposible, el loco amor sólo puede consumarse en el tiempo eterno e inmóvil de la muerte: un instante sin fin. El fin absoluto contiene en su abrazo todas las posibilidades del pasado, del presente y del futuro. La infancia y la muerte son los signos del instante, porque siendo instantáneos, sólo ellos pueden renunciar al cálculo del interés.[35]

Esa vuelta al origen, ese instante sin fin, es condición vital, que Fuentes parece literaturizar de nuevo a través de *Muerte sin fin* de José Gorostiza:

> cuando todo—por fin—lo que anda o repta
> y todo lo que vuela o nada, todo,
> se encoge en un crujir de mariposas,
> regresa a sus orígenes
> y al origen fatal de sus orígenes,
> hasta que su eco mismo se reinstala
> en el primer silencio tenebroso.[36]

Artemio Cruz, como *Pedro Páramo*, es

> una novela para la muerte y . . . ha consistido en viajar hacia el origen para llegar al padre y descubrir que el padre es historia y la historia es injusta, y que el padre, el jefe, el conquistador debe morir para ingresar al eterno presente, que es la muerte.[37]

7. *En resumen: una auto-representación artemiana*

Carlos Fuentes es un maestro de la ficción. Y la ficción consiste precisamente en fingir, no en mentir. De nuevo con George Levine recordamos que «all fiction is fiction.»[38] *La muerte de Artemio Cruz* es una obra de metaficción completa y compleja a la vez que ordenada y sencilla, lo que ya nos viene sugerido de modo autoconsciente por la grafía y fonética de su nombre, Artemio Cruz; alfa y omega, o bien «a» y «z» de su mundo; compendio ordenado y completo de nuestro sencillo sistema vocálico que aprendemos cuando estamos dando nuestros primeros pasos: aeiou: Artemio Cruz. Existe sólo un tiempo, el mental de Artemio,

> que jamás será una flujo inexorable entre el primer hito del pasado y el último del porvenir . . . tiempo que sólo existirá en la reconstrucción de la memoria aislada, en el vuelo del deseo aislado, perdido una vez que la oportunidad de vivir se agote, encarnado en . . . un niño, ya un viejo moribundo (312);

existe un solo narrador, el mismo Artemio-Yo, que como narrador único toma las veces del autor y mueve los hilos de su propia autonarración. Escondido tras la narración, palabras y acción de los demás personajes, cual Linda Hutcheon apunta refiriéndose al héroe de *La coscienza di Zeno* de Italo Svevo, Artemio, «thinking that he can be the novelist of his own life, learns that to recapture the past is to structure it, to falsify it, to invent it, in short, as if it belonged to someone else.»[39] Artemio finge su propia ficción para justificarse, y como única forma posible de recuperar su propia vida en el recuerdo. Por ello, no es narrador fidedigno, pero sí consistente. Como ya apuntamos con anterioridad, Catalina, Gamaliel, Gonzalo, Lorenzo, Miguel, Ludivinia, Lunero o don Pedrito no existen como narradores autónomos, sino que eso es pura apariencia, es una ficción más del narrador, que así finge con éxito una mayor objetividad. Artemio, narrador único, se revive y justifica a sí mismo en la ficción del recuerdo. Es la misma metaficción que Fuentes purifica más aún en *Aura*, donde Consuelo encuentra su único «consuelo» en el fingimiento o ficción de unos personajes y unos hechos que únicamente son hijos de su imaginación, reina poderosa que se anuncia también en el epígrafe de aquella obra: «El hombre caza y lucha. La mujer intriga y sueña; es la madre de la *fantasía*, de los dioses. Posee la segunda visión, las alas que le permiten volar hacia el infinito del deseo y de la *imaginación* . . .» (subrayado nuestro). Si a Artemio agonizante sólo le quedaba la memoria como sinónimo de vida, a la anciana Consuelo únicamente le resta la imaginación para fingir esta vida. *La muerte de Artemio Cruz*, como obra, es metaficción, es la ficción de un ente ficticio, Artemio, creado por Fuentes. En el caso de *Aura*, se trata de una metaficción más pura, desprovista del sustancioso bagaje socio-político de Artemio, puro fruto también de la imaginación de otro personaje ficticio, Consuelo, creado por el mismo autor. De ahí la relación de que hablábamos al principio entre *La muerte de Artemio Cruz* (o *Aura*), Artemio (o Consuelo) y Fuentes, y *Niebla*, Augusto Pérez y Unamuno. Los tres personajes al sentirse acechados por la muerte responden de diferentes maneras: Augusto Pérez protesta airado ante lo que considera intromisión insolente de su autor, quien le roba sus palabras y su vida. Artemio y Consuelo aparecen en completa independencia y se refugian, a fin de evadir su muerte, en lo que se nos figura su propia ficción, que dilatan y prolongan mediante su memoria (Artemio) o su imaginación (Consuelo), puesto que son plenamente auto-conscientes de la convencional equivalencia lingüística 'palabras = vida.' De esa forma parece que el temor de los protagonistas—al quedarse sin palabras—a la muerte se suaviza del primero a los últimos, tal vez porque entre Unamuno y Fuentes, intermedia el juego poético con que Gorostiza, también en connotación múltiple, lingüística, poética y vital, se despide para siempre de la creación literaria:

> Desde mis ojos insomnes
> mi muerte me está acechando,
> me acecha, sí, me enamora
> con su ojo lánguido.
> ¡Anda, putilla del rubor heleado,
> anda, vámonos al diablo![40]

Inútil sería, pues, que Fuentes hubiera seguido un ordenamiento cronológico de los hechos o que nosotros tratáramos de explicar la novela cronológicamente, puesto que no nos hallamos con una variedad de tiempos físicos sino con un tiempo psicológico o mental, de forma que el interés no se halla en la variedad cronológica propia del espacio físico sino en la unidad del binomio causa-efecto más propio del espacio mental, mediante el que Artemio, y sólo él—múltiple narrador a la vez limitado y omnisciente, objetivo pero subjetivo—nos ofrece su propia justificación.

NOTAS

1. William T. Noon, «Modern Literature and the Sense of Time,» *Thought,* XXXIII (1958), 571-603. Mendilow, op. cit.

2. Mendilow, op. cit., 86-96.

3. Fernando Alegría, en *Historia de la novela hispanoamericana* (México: Andrea, 1966), 260, apuntaba ya que «Fuentes establece un balance psicológico de las unidades del tiempo y, superando la cronología convencional, logra dar a través de un personaje la visión panorámica de la sociedad mexicana de su época.» Juan Loveluck, art. cit., 217-218, se refiere al tiempo psicológico en las narraciones de primera persona; en pp. 213-214 habla del carácter experimental del tiempo de la obra; cita un tiempo «progresivo» que queda de hecho fuera de la ficción novelesca y un tiempo «regresivo» que se mueve hacia adelante y hacia atrás en «flash-forwards» y «flash-backs» siguiendo asociaciones que determinan el funcionamiento caprichoso de la memoria.

4. Jara, en el art. cit., nota la fuerza del tiempo en *La muerte de Artemio Cruz,* que hace que se convierta en tiempo mítico, o más exactamente, «mitopoyético.» Véase también Befumo Boschi y Calabrese, op. cit., 102-104.

5. E. Rodríguez Monegal, «Carlos Fuentes,» 49.

6. Osorio, art. cit., 232-233.

7. Carlos Fuentes, «El tiempo,» en *Aproximaciones a Octavio Paz,* ed. Angel Flores (México: Joaquín Mortiz, 1974), 32.

8. Stendhal, op. cit., 669.

9. Benedetti, art. cit., 164.

10. L. A. Gyurko, en «Structure and Theme . . .,» insiste, más que en la unidad, en la diversidad de personaje de 1ª a 2ª persona, muerte y vida, libertad y destino, reflejada en la juxtaposición paradójica estructural.

11. Mendilow, op. cit., 104.

12. R.Jara, art. cit., 182 y sgtes.

13. Mendilow, op. cit., 104.

14. Véase Keith Botsford, art. cit., quien piensa que como efecto de todos estos préstamos de literaturas occidentales, el resultado es la «falsedad.» Richard Reeve, en «Carlos Fuentes», en *Narrativa y crítica de nuestra América,* compilación e introducción de Joaquín Roy (Madrid: Castalia, 1978), 287-316, encuentra a Carlos Fuentes más vuelto hacia las influencias de lengua inglesa (Dos Passos, Hemingway, Faulkner, Joyce, Stevenson, Poe).

15. Carlos Fuentes, «El tiempo,» *Aproximaciones. . .* , 32.

16. Montaigne, op. cit., 89; en nota de Maurice Rat a pie de página: «Bientôt le

présent sera passé, et jamais plus nous ne pourrons le rappeler.» Lucrèce, III, 915.

17.   Carlos Fuentes, «Mugido, muerte y misterio: El mito de Rulfo,» *Revista Iberoamericana*, XLVII, 116-117 (Jul-Dic. 1981), 20-21 (Número dedicado a «La novela
en español hoy»).

18.   Meir Sternberg, *Expositional Modes and Temporal Ordering in Fiction* (Baltimore: The Johns Hopkins University Press, 1978), 34.

19.   Parafraseamos en muchas ocasiones a Sternberg en la op. cit., sobre todo,
14-23 y 41-55. También, Mendilow, op. cit., 63-73.

20.   Parafraseamos de nuevo a Sternberg en su definición de lo que es «ocasión discriminada,» op. cit., 20.

21.   Así lo afirma Daniel de Guzmán, en op. cit., 111.

22.   Algo semejante ocurre con Ludivinia y Catalina, quienes también en la memoria buscan refugio. No obstante, existen diferencias. La que podríamos llamar agonía de Ludivinia, es prolongada y de ideales, no breve y corporal como la de Artemio; su agonía de Ludivinia había comenzado con la prisión y muerte de Ireneo
Menchaca, su esposo, y la vejación subsiguiente de los ideales que con él había com-
partido; a ellos se sumaría más tarde la muerte de su hijo Atanasio. Su solo refugio
es el recuerdo, y únicamente parece volver al presente cuando descubre el pasado en
el niño Artemio. Ella no quiere vivir el presente para vivir el pasado (293-294). Artemio vive el pasado porque no puede vivir el presente.

   También Catalina se refugia en el pasado. Esa es la razón por la que no acepta,
aunque contra ello luche, a Artemio. Pero en este caso no es ella la que va en busca
del pasado, sino que es el pasado el que la busca a ella y la posee. Más que refugiada
en el pasado deberíamos decir, hipnotizada por el pasado en las memorias de su padre y de su hermano (109).

23.   Nótese, por ejemplo, la identidad que se nos transmite en el texto entre Artemio y la Revolución: «Artemio Cruz: así se llamaba, entonces, el nuevo mundo surgido de la guerra civil» (50).

24.   J. Culler, op. cit., 52.

25.   Sternberg, en op. cit., 8-14, define y establece similitudes, identidades y diferencias de los términos «fabula,» «story,» «plot,» y «sujet,» que aquí utilizamos.

26.   Gyurko, art. cit., 31.

27.   *Ibid.,* 40.

28.   Véase J. Culler, op. cit., 310.

29.   *Ibid.,* 314.

30.   *Ibid.,* 314.

31.   Norman Friedman, op. cit., 79-101.

32.   Véase nuestro apéndice sobre la estructura de la obra.

33.   Fredric Jameson, «Criticism in History,» en *Weapons of Criticism: Marxism*

in America and the Literary Tradition, ed. Norman Rudich (Palo Alto: Ramparts Press, 1976), 41.

34. José Gorostiza, op. cit., 129.
35. Carlos Fuentes, «Mugido, muerte y misterio . . .,» 20.
36. Gorostiza, op. cit., 137.
37. *Ibid.,* 21.
38. Véase George Levine, art. cit.
39. Linda Hutcheon, op. cit., 90.
40. Gorostiza, op. cit., 144.

ESPECULACIONES CONCLUSIVAS

Creemos haber demostrado con asaz iteración y solidez a lo largo de nuestro estudio, mediante constante apoyo textual y crítico, la naturaleza metaficticia de *La muerte de Artemio Cruz*. No es nuestra intención repetir aquellos argumentos de forma resumida en esta conclusión, sino ofrecer nuevos razonamientos—basados en sugestivas intertextualidades de nuestro texto con los orígenes creativos y críticos de la teoría narcisista—que refuercen y pongan término *conclusivamente* (en su doble acepción semántica) a nuestro estudio.

En este sentido nos parece oportuno hacer notar que los autores puntales de la crítica sobre la metaficción muestran que la consciencia sobre el estatus ontológico ficticio de la literatura, sobre el saberse y reconocerse a sí misma como ficción, es de tradición antigua que Linda Hutcheon data incluso de los tiempos homéricos.[1] Steven Kellman en *The Self-Begetting Novel* halla tales orígenes en el griego y universal mito del complejo incestuoso de Edipo, interpretado, a la luz de Otto Rank, como símbolo de la urgencia del hombre por su propia autocreación, contra el terror del padre al acto procreatorio, imagen a su vez de la renuncia a la inmortalidad personal.[2] En tal sentido se nos antoja sintomático el intento fallido de Atanasio de matar a su propio hijo Artemio, quien a su vez se cree artífice de sí mismo, y no acierta a ver en su hijo Lorenzo más que un doble propio, la otra cara de sí mismo, el completador de su propio destino, forzosamente separado, por ello, de la madre Catalina. Artemio, como la novela en que se halla emblemáticamente inscrito, busca la circunstancia «autoengendrante» de ser a la vez padre e hijo, proceso y producto, puesto que—en palabras de Kellman—«to be forever both begetter and begotten is one way to avoid those dying generations.»[3]

No es tampoco casual que Gérard Genette y la misma Linda Hutcheon encuentren las raíces profundas de la duplicación barroca y narcisista de la literatura en el viejo mito de Narciso, desprovisto por la última crítico de

todo sentido peyorativo, a la luz de una lectura irónica del mito ovidiano.
De modo semejante hallamos clarificador, en apoyo iterativo de un narcisismo artemiano moderno de referentes clásicos, establecer relaciones intertextuales entre *La muerte de Artemio Cruz* y las *Metamorfosis* de Ovidio, y, en concreto, con el mito de Narciso según se nos presenta en su Libro III. Toda *La muerte de Artemio Cruz* parece hallarse bajo el signo de «la edad de hierro» ovidiana en que «huyeron la honradez, la verdad, la buena fe, y en su lugar vinieron los engaños, las maquinaciones, las asechanzas, la violencia y la criminal pasión de poseer.»[4] Tal es, como hemos visto, la historia de México desde los violentos ritos y luchas indígenas a la cruenta Revolución que se resume en Artemio Cruz, digno hijo de sangre y en sangre de sus antepasados, «aquella raza [que]—de nuevo en ovidiana intertextualidad, perfecta y admirablemente aplicable a *Artemio Cruz*— despreció a los dioses y fue violenta y avidísima de crueles carnicerías; bien se reconocía que de sangre había nacido.»[5] Después de todo, siendo el nuestro un análisis generativo, es necesario apuntar, siguiendo pautas trazadas en el capítulo segundo, una nueva composición anagramática de las once letras de *Artemio Cruz*, la cual, con alguna admisible irregularidad, sugiere y apoya textualmente esta nueva y disimulada deuda intertextual de Fuentes: *Hurte Narcizo* (+ h + n/-m).

Como acabamos de apuntar, Linda Hutcheon fundamenta su teoría sobre la narrativa narcisista, en la lectura irónica del mito de Narciso según es narrado por Ovidio.[6] En el mismo sentido irónico se puede leer *La muerte de Artemio Cruz*, lo que se constituye en comentario metafórico de su moderna naturaleza narcisista y autoconsciente. Artemio es fruto de la violación de Atanasio Menchaca sobre Isabel Cruz, como Narciso lo había sido de la de Cefiso a Liríope; pero en el nuevo mito moderno de Fuentes los personajes aparecen menguados en consonancia con el paso a una epopeya de signo menos épico, más humanamente desgarrado eirónico: el dios-río Cefiso se ha convertido en el cacique Atanasio y la ninfa Liríope en la esclava mulata Isabel Cruz.

El protagonista del mito griego, según el vaticinio de Tiresias, «llegaría a ver la longeva edad de una vejez avanzada,... 'si no llega a conocerse a sí mismo.'»[7] Artemio, por el contrario, llega a la plena vejez precisamente por conocerse a sí mismo, mediante una constante búsqueda sin encuentro, mediante una incesante persecución. En ese sentido, se halla más cerca del tema de Narciso de la poética barroca en que, en palabras de Genette,

comme l'existente est un écoulement d'années, d'heures, d'ins-
tants, le moi est une sucession d'états instables où (paradoxe
inévitable de la rhétorique baroque) rien n'est constant que
l'instabilité même. L'extase, amoureuse ou mystique, est une
divine syncope, un pur oubli. L'existence au contraire ne
s'éprouve que dans la fuite, dans ce que Montaigne nommait le
passage. L'homme qui se connaît, c'est l'homme qui se cher-
che et ne se trouve pas, et qui s'epuise et s'accomplit dans cette
incessante poursuite.[8]

Nada más cercano a Artemio Cruz, cuyo «paso» por la vida ha sido una
constante «huida» conquistadora en provecho propio, no siendo la totalidad de su narración sino un intento narcisista de fugarse de la muerte. Su
«existencia» es una sucesión de los «años» recordados por la narración en
tercera persona, de las doce «horas» mencionadas en la narración-tú, y de
los «instantes» evocados por la narración en primera persona; de forma que
el Artemio-Yo-agónico del presente, filtrador de las tres narraciones, no es
sino una sucesión de estados «inestables» en que no hay nada de «constante» sino su misma «inestabilidad» narratológica, de ánimo y de sentido. El
«éxtasis amoroso o místico» con Regina, Laura o Lorenzo es un «puro
olvido» imposible, que sólo en la memoria puede recuperar. De ahí aquella
«incesante persecución» como tarea continua de Artemio, quien para paliar
aquel «olvido» se esfuerza en amar y en dejarse querer de los demás; o tal
vez sería mejor decir que Artemio obliga a los demás a quererle, narcisistamente trata de hacerlos parte de sí mismo, ya que Artemio engloba en sí al
mundo que le rodea, al del pasado que le antecede y al del futuro que le
sucederá.

Sin embargo, Narciso, despreciador de ninfas y efebos, avanza sin remedio hacia su hado, preconizado no sólo en el vaticinio de Tiresias, sino
también en la maldición desesperada de uno de sus ardientes admiradores:
«Ojalá ame él del mismo modo y del mismo modo no consiga al objeto de
sus deseos.»[9]

Efectivamente, de la misma forma que agoniza Artemio en nuestro
texto, el bello joven ovidiano perece autocontemplándose y autoamándose
con ardor insaciable e inalcanzable esperanza, en medio del ingenioso juego
literario de contrarios de un triple diálogo interpronominal: «*me* contest*as*
con palabras que no llegan a *mis* oídos. ¡*Ese* soy *yo*!»[10] (subrayado nuestro). Triple diálogo interpronominal que recuerda la triple pero única na-

rración artemiana autoreflejante, generada y presente, según vimos, en los pre-textos y en el texto. El mismo deleite de Ovidio en la descripción de las suaves líneas de Narciso, con la especial atención «en el doble astro de sus ojos, sus cabellos dignos de Baco y dignos de Apolo, su cuello de marfil, sus mejillas lampiñas, la gracia de su boca, y el color sonrosado que se mezcla con una nívea blancura,»[11] rememoran con ironía la narración fuentina de los fuertes rasgos de Artemio con el particular interés por sus duros ojos verdes, su viril esbeltez y su cuello recio, el poder linear y sinuoso de su boca de labios gruesos, la energía de sus altos pómulos y lo violento de su curtida piel de oliva. Artemio, aunque a veces se hastíe de su dolor, busca evadir la muerte refugiándose en su misma memoria y en su propio inconsciente; pero por fin, irremediablemente, ha de sucumbir en su una y trina personalidad de hoy, de ayer, y de antes, en su triple reflejo unido en uno solo: «Tú... te traigo dentro de mí y vas a morir conmigo... Dios... Él... lo traje adentro y va a morir conmigo ... ... Yo... lo traeré adentro y morirá conmigo... sólo ... ... moriré» (315-316). Tal final artemiano se nos antoja como compleja, rica y, en parte, irónica elaboración artística de las sugestivas palabras que el Narciso ovidiano emite en su postrer desvanecimiento:

> Pero ya el sufrimiento me quita las fuerzas, no me queda largo tiempo de vida, y me extingo en mi primera edad. Y no es dura la muerte para mí, que con la muerte voy a liberarme de mis sufrimientos; el que yo amo es el que quisiera que fuese más duradero; pero siendo así, los dos moriremos unidos en un solo aliento.[12]

En la fruición de su autocontemplación, Narciso, en éxtasis de autoexaltación y autoadoración desahuciada, se había enfrentado a la paradoja desesperante de su propia proximidad en que «ni nos separa un inmenso mar» en aquel regular reflejo de sí mismo en la fuente cristalina: *osicraN*, sería el reflejo lingüístico no distorsionado de su nombre. Todo ello nos recuerda, sí, aquel «moriré» último de Artemio, inmediatamente posterior a la desintegración final de su triple personalidad: pero, sobre todo, rememora su identidad pronominal («Cruza*mos* el río a caballo») y onomástico-letrística—en esta caso de reflejo distorsionado (*Cuezo Mártir*, que ya vimos—con Lorenzo, de quien (como también examinamos en el capítulo II) sí que le separa un ancho mar: el Océano Atlántico. Recordemos que a todo lo largo y ancho de *La muerte de Artemio Cruz* se insiste en la identificación entre Artemio y Lorenzo: bien sea mediante el leitmotiv más importante de la novela («Cruzamos el río a caballo»), o con el engaño narratológico de usar el pronombre personal EL (de Artemio) al referirse a Lorenzo, o a base de la lucha y amores (Regina y Dolores) de ambos en una guerra civil (mexicana y española), o bien por la duplicación lingüística distorsionada que descodifica el nombre de *Artemio Cruz* en Cuezo Mártir: es decir, la esencia yacente en el acertadamente nominado Lorenzo, como homónimo del archifonoso *Mártir tostado* en la parilla, que el mismo año 1962 nos recuerda también Luis Martin Santos al final de su *Tiempo de silencio*, o que el mismo Fuentes reiterará en esa caja de pandora que es *Tierra nostra*.

Protagonista y texto artemianos son, pues, autoconscientes de su propia imagen, como de continuo se nos recuerda en duplicaciones narratológicas (yo, tú, él), lingüísticas («El miró con los ojos verdes hacia la ventana y el otro le preguntó si no quería nada y él pestañeó y miró con los ojos verdes hacia la ventana» (125)), y de leitmotivs (el «cruzamos el río a caballo,» el «me dejé ir,» el convólvulo, la herencia, los nombres . . .). Artemio Cruz se ve a sí mismo como doble de otros personajes, desde el soldado desconocido a Gonzalo Bernal, de Lorenzo a la misma Regina; a menudo piensa en su «gemelo,» bien refiriéndose a sí mismo en su triple reflejo temporal-narratológico, bien al hermano sugerido en el episodio del parto de Isabel Cruz cuando, después del nacimiento de Artemio, «Cruz Isabel ya gemía con una nueva contracción» (315). No olvidamos tampoco los frecuentes reflejos especulares:

> se ajustó la corbata frente al vidrio del vestíbulo y atrás, en el segundo vidrio, … un hombre idéntico a él, pero tan lejano, se arreglaba el nudo de la corbata también, con los mismos dedos manchados de nicotina, el mismo traje cruzado, pero sin color, … y dejaba caer la mano al mismo tiempo que él y luego le daba la espalda… (22).

Tal reflejo es tan cercano y tan elusivo como el de Narciso, cuyo doble devuelve solícitamente las señas de labios y brazos, sonrisas, palabras y besos, pero también sin color, vacíos. Sin embargo, Artemio no se queda abstraído en su propia contemplación estática y desesperada, sino que pone esa autoimagen en una acción dinámica continua que no tiene su término sin en el sumergimiento final en el pozo ponzoñoso—y no fuente cristalina—de su muerte.

El reflejo de Narciso pertenece a lo que Genette llama en «Complexe de Narcisse,» la «fuite formelle et statique» en que es sólo posible la ondulación o aún el parpadeo («clignotement») fragmentante y dispersante de ese reflejo.[13] A Artemio, en cambio, le corresponde otro tema de «huida» narcisista en su reflejo, el de «l'eau *courante*, eau baroque de prédilection» —recordamos otra vez ese continuo doble reflejo semántico y físico del leitmotiv del «*cruzamos* el *río* a caballo»—en que, diría Genette, «il ne s'agit plus d'une altération ou d'une dispersion formelles, mais d'une véritable *évanescence substantielle*.» La doble imagen de Artemio-Lorenzo «s'inscrit sur une matière en fuite,» escapándose y desvaneciéndose sin cesar en un deslizamiento continuo y casi imperceptible, que no fluye con el agua que lo arrastra como pasaría con una hoja flotante, sino que se transforma en el símbolo más claro de la inconstancia y la inconsistencia. Y es que tal reflejo se hall tejido «dans la fluidité même,» de la corriente del agua fluvial del texto.[14]

No obstante, como en el caso de Narciso, en su lugar obitual brota una flor, acaso no tan fragante, y corre un río, quizás de no tan límpidas aguas: la flor de su propio nombre y el río del futuro de México; sin embargo, la fragancia y la pureza de esta nueva flor artemiana autoreflejada en un medio dinámico fluyente, tal vez sí que perdura: en la novela misma como creación artística. Esta representación, autoconsciente de su propia naturaleza verbal, no es sujeto de una realidad empírica que muere en la extenuación referencial realista, sino que renace y brota de nuevo en cada nueva lectura dinámica de cada nuevo lector co-creador, puesto que, como nos dice Todorov en *Littérature et signification*, «l'existence même du roman est le dernier chaînon de son intrigue, et là où finit l'histoire racontée, l'histoire de la vie, là exactement commence l'histoire racontante, l'histoire littéraire.»[15] De ese modo, paralelamente al acercamiento autoconsciente del autor a la obra como sistema de signos lingüísticos, la actividad del lector cambia, de consumidor de cuentos a constructor de sistemas de signos verbales, de forma que nuestra novela, aplicándole palabras de Fredric Jameson, se convierte en «a kind of rebus in narrative language, a strange kind of code written in events or hieroglyphs, and analogous to primitive myth, or fairy tales.»[16]

Por otra parte, Ovidio centra la atención no sólo en la autoadoración del protagonista, sino también en el amor constante de la ninfa Eco, «la resonadora,» el cual sobrevive a todos los desprecios. Esta ninfa condenada por Juno en el que era su don verbal a simplemente repetir el final de lo que oye, persigue escondida pero exaltadamente a Narciso, y ante el dolor del rechazo de éste, se retira avergonzada hasta disiparse en el aire, subsistiendo de ella solamente su voz y sus huesos, de los que la primera perdura y los segundos se convierten en piedra desconocida.[17] También Fuentes centra su atención a lo largo y ancho de la obra no sólo en la autoexaltación del protagonista, sino en el amor aparentemente auténtico de Regina, el cual sobrevive a todos los triunfos y reveses de la azorosa vida de nuestro narrador-protagonista. Sin embargo, en nuestro caso es Artemio quien persigue a esta ninfa callada que deterministamente perece, subsistiendo de ella únicamente su nombre que Artemio tanto trata de conservar, y sus huesos ocultos bajo la piedra de una tumba perdida. Su naturaleza es pues ya puramente verbal. Como Eco, y en paralelo a la novela misma, sus referentes no son realidades empíricas sino eco de otras palabras; no son puras representaciones de realidades de primera mano, sino que se refieren a un universo ficticio, filtrado por la imaginación del narrador-protagonista: universo cuyas estructuras empíricas se hallan perdidas entre el polvo óseo oculto bajo la múltiple losa o página convencional de su mexicana o artemiana fosa libresca y ficticia. Sólo nos queda, pues, de ella, como de Eco y como de la novela, su nombre, Regina, su naturaleza verbal.

Sin embargo, esa palabra, ese personaje, esa novela, como nos muestra la lectura irónica del mito del Narciso ovidiano y la aclaración antiderogatoria del narcisismo de Hutcheon, no muere en sí misma siempre que exista alguien que la rememore y recree. *La muerte de Artemio Cruz*, autoconsciente de su propia naturaleza ficticia, no se queda agotada en lo que John Barth llama una «literatura de extenuación,» sino que una y otra vez renace recreadoramente, a partir de los artificios metalingüísticos de y sobre su propio texto. La novela repetidamente resurge con tonalidades artísticas distintas de acuerdo con la viva disposición cambiante de las rocas resonadoras de ese múltiple Eco, es decir, de las diferentes competencias y contextos de ese múltiple lector; éste se ha transformado del tímido y pasivo reflector tradicional en un activo y creador reflejante. A través, pues, de los jeroglíficos constituidos por unos pre-textuales generadores verbales ricardouanos y de los ecos, también verbales, del texto metaficticio o narcisista que constituye la metafórica trama, Carlos Fuentes en *La muerte de Artemio Cruz*—diría Linda Hutcheon—«calls his reader's attention to the activity of writing as an event within the novel, as an event of equally great significance to that of the events of the story which he is supposed to be telling.»[18]

Así pues, sus características especulares hacen a *La muerte de Artemio Cruz* deudora de variadas corrientes narcisistas que sintéticamente Fuentes intertextualiza. Partiendo de una reelaboración superada irónica del mito de Narciso de Ovidio, se observan además conexiones con las duplicaciones barrocas según han sido estudiadas como parte del «complejo de Narciso» por Gérard Genette. Se constituye así la obra en un buen ejemplo autogenerativo y metafícticio de ese narcisismo hutcheoniano moderno del texto.

a   a   a

Partiendo de claves pre-textuales que constituimos en generadores situacionales o lingüísticos del resto del texto, hemos mostrado a lo largo de nuestro estudio que *La muerte de Artemio Cruz* incluye en sí misma—más o menos descubierta o encubiertamente—el comentario sobre su propia mimesis, sobre la técnica perspectivesca y temporal de su propio proceso creativo, sobre su estructura, y sobre su propia naturaleza lingüística. Bajo la complicada apariencia de la obra existen, pues, códigos que nos apuntan su naturalidad y su sencillez. Hemos descubierto en epígrafes, título, nombres y dedicatoria algunos de esos códigos generativos que nos han conducido al desentrañamiento de la naturaleza metafícticia de la obra. Pero no podíamos quedarnos en esos códigos únicamente y, por ello, siempre hemos acudido al texto para examinar en él la aplicación y desarrollo autoconscientes y efectivos de aquellas claves pre-textuales.

De esa forma, a partir de epígrafes y dedicatoria llegamos al rastreo de ciertas intertextualidades manifiestas que a su vez generaron el descubrimiento de otras más escondidas, de cuyo total entrecruzamiento resulta una obra sintética de sello propio y original. Simultáneamente, a partir de epígrafes, título y nombre disertamos sobre el tema central de la muerte y sobre la actuación del protagonista que se nos muestra en perspectivas y dimensiones temporales diversas, convergentes en un «punto de vista» y tiempo únicos, estampados en el plano mental de Artemio del presente. Este de esa forma, justifica su actuación y su vida, y paradójicamente nos muestra a la vez que todo ello no es más que un ejercicio ficticio de su imaginación, de su voluntad y de su memoria. Tal juego paradójico forma parte de la esencia misma de la metaficción, pues, según ya mencionábamos en la Introducción citando a Linda Hutcheon, la novela autoconsciente siendo autoreflexiva se orienta, no obstante, hacia afuera de sí misma, hacia el lector. A éste, también paradójicamente, se le fuerza a que sea consciente del artificio a que se enfrenta, aunque a la vez se le pide, paralelamente a la experiencia vital, una participación activa en la co-creación de la obra, que incluso puede incitarle a la acción social y política. Tales esencia paradójica e insinuación político-social son elementos diáfanamente autoconscientes en nuestra obra, originados como están en el quinto epígrafe popular (frente a los cuatro primeros, cultos) y quiásmico, en la última palabra del título de la obra y del nombre del protagonista (*Cruz*) y en la «comprometida» dedicatoria a Wright Mills. Esta, junto con el imperio monolítico presente en el nombre y en la focalización del narrador-protagonista, se erige en emblema de la denuncia ideológica del poder en una élite individualista y masculina.

De esa forma—finalizamos circularmente nuestro estudio (empezado con una cita de la teoría generativa) en una mención de la crítica autoconsciente—, «this new involvement of the reader in a freedom-inducing act offers another potentially *ideological* implication of the *paradox* of intramurally and extramurally directed metafiction»[19] (subrayado nuestro).

NOTAS

1. L. Hutcheon, op. cit., 40-44.
2. Véase Steven Kellman, *The Self-Begetting Novel* (New York: Columbia University Press, 1980), 1-11.
3. *Ibid.*, 1.
4. Ovidio, *Metamorfosis*, Introd., trad. y notas de Antonio Ruiz de Elvira (Barcelona: Bruguera, 1983), 9.
5. *Ibid.*, 11.
6. Véanse, respectivamente, Hutcheon, op. cit., 8-16, y Ovidio, op. cit., 85-91.
7. Ovidio, op. cit., 85.
8. Gérard Genette, *Figures: Essais* (Paris: Éditions du Seuil, 1966), 26.
9. Ovidio, op. cit., 87.
10. *Ibid.*, 89.
11. *Ibid.*, 88.
12. *Ibid.*, 90.
13. Genette, *Figures,* 23.
14. *Ibid.*, 24.
15. T. Todorov, *Littérature et signification* (Paris: Larousse, 1967), 49.
16. Frederic Jameson, «Metacommentary,» *PMLA*, 86 (1971), 13.
17. Ovidio, op. cit., 86-87.

18. Hutcheon, op. cit., 12.
19. *Ibid.*, 155.

BIBLIOGRAFIA

I. Bibliografía de trabajos citados

Alas «Clarín,» Leopoldo. *La regenta.* Madrid: Alianza, 1975.

Alegría, Fernando. *Historia de la novela hispanoamericana.* 3ª ed. México: Andrea, 1966, 258-260.

Aleixandre, Vicente. *Poesías completas.* Prólogo Carlos Bousoño. *La destrucción o el amor (1932-1933).* Madrid: Aguilar, 1968, 319-434.

Alone. En *El Mercurio.* Santiago de Chile: 1 de diciembre, 1968.

Alter, Robert. *Partial Magic: The Novel as a Self-Conscious Genre.* Berkeley: University of California Press, 1975.

Anderson-Imbert, Enrique. *Spanish-American Literature: a History.* 2 vols. 2ª ed. México, 1954; rpt. y trad. John V. Falconieri. Detroit: Wayne State University Press, 1969, 719-720.

Auerbach, Erich. «In the Hôtel de la Mode.» En *Stendhal: A Collection of Critical Essays.* Ed. Victor Brombert. New Jersey: Prentice-Hall, 1962, 34-46.

Avalle-Arce, Juan Bautista. *Nuevos deslindes cervantinos.* Barcelona: Ariel, 1975.

Barilli, Renato. «Nouveau roman: Aboutissement du roman phénoménologique ou nouvelle aventure romanesque,» y «Discussion.» En *Nouveau Roman: Hier, Aujourd'hui.* Direc. Jean Ricardou et Françoise van Rossum-Guyon, Vol. i, «Problèmes généraux.» Paris: Union Générale d'Éditions, 1972, 107-117 y 118-130.

Barth, John. «The Literature of Exhaustion.» *The Atlantic Monthly,* 222 (August 1967), 29-34.

Barthes, Roland. *Le plaisir du texte.* Paris: Éditions du Seuil, 1973.

_____. *S/Z.* Paris: Éditions du Seuil, 1970.

Befumo Boschi, Liliana y Elisa Calabrese. *Nostalgia de futuro en la obra de Carlos Fuentes.* Buenos Aires: Fernando García Cambeiro, 1974.

Benedetti, Mario. «Carlos Fuentes: del signo barroco al espejismo.» En *Letras del continente mestizo*. Montevideo: Arca, 1967, 155-170.

Beyle, Marie Henri (Stendhal). *Le Rouge et le Noir*. Introd. S. de Sacy. Paris: Le Club Français du Livre, 1980.

Booth, Wayne C. *The Rhetoric of Fiction*. 1961; rpt. Chicago: The University of Chicago Press, 1975.

Borges, Jorge Luis. *Ficciones*. Buenos Aires: Emecé Editores, 1956.

_____. *Otras inquisiciones*. Buenos Aires, 1960; rpt. Madrid: Alianza, 1976.

Botsford, Keith. «My Friend Fuentes.» *Commentary*, 39, 2 (Feb. 1965), 64-67.

Boyd, Michael. *The Reflexive Novel: Fiction as Critique*. Lewisburg: Bucknell University Press, 1983.

Brombert, Victor. *Stendhal: Fiction and the Themes of Freedom*. New York: Random House, 1968.

Calderón de la Barca, Pedro. *Obras Completas*. 3 vols. Madrid: Aguilar, 1952.

Carballo, Emmanuel. *19 protagonistas de la literatura mexicana del siglo XX*. México: Empresas Editoriales, 1965, 425-448.

Cervantes Saavedra, Miguel de. *Don Quijote de la Mancha*. Ed. y notas Martín de Riquer. 2 vols. 8ª ed. Barcelona: Juventud, 1974.

Cirlot, Juan Eduardo. *Diccionario de símbolos*, 5ª ed. Barcelona: Labor, 1982.

Cortázar, Julio. *Rayuela*. Buenos Aires: Sudamericana, 1963.

Corral. Wilfrido H. «Carlos Fuentes: la entrevista, una literatura oral.» *Texto Crítico*, IX, 28 (enero-junio 1984).

Culler, Jonathan. *La poética estructuralista: El estructuralismo, la lingüística y el estudio de la literatura*. Trad. Carlos Manzano. Barcelona: Anagrama, 1978.

Dávila. Luis. «Carlos Fuentes y su concepto de la novela.» *Revista Iberoamericana*, XLVII, 116-117 (Julio-Diciembre 1981), 73-78 (número dedicado a *La novela en español hoy: Carlos Fuentes, Juan Goytisolo, Mario Vargas Llosa*. Ed. José Miguel Oviedo y Maryellen Bieder).

Derrida, Jacques. *De la gramatología*. Sin nombre de traductor. 2ª ed. México: Siglo XXI, 1978.

Di Virgilio, Paul. «*La muerte de Artemio Cruz*: The Relationship between Innovation in the Role of the Personal Pronouns in the Narrative and Reader Expectancy.» *Revista Canadiense de Estudios Hispáni-*

cos, V, 1 (otoño 1980), 93-100.

Domhoff, G. William y Hoyt B. Ballard ed. *C. Wright Mills and «The Power Elite.»* Boston: Beacon Press, 1968.

Faris, Wendy B. *Carlos Fuentes.* New York: Frederick Ungar Publishing Co., 1983.

Forcione, Alban K. *Cervantes, Aristotle, and Persiles.* New Jersey: Princeton University Press, 1970.

Freud, Sigmund. *La interpretación de los sueños.* Trad. Luis López-Ballesteros y de Torres. 3 vols. 13ª ed. Madrid: Alianza Editorial, 1983.

Friedman, Norman. *Form and Meaning in Fiction.* Athens: University of Georgia Press, 1975.

Fuente, Bienvenido de la. «*La muerte de Artemio Cruz*: Observaciones sobre la estructura y sentido de la narración en primera persona.» *Explicación de Textos Literarios*, VI, 2 (1978), 143-151.

Fuentes, Carlos. *Aura.* México: Era, 1962.

_____. *Las buenas conciencias.* México: Fondo de Cultura Económica, 1959.

_____. *La cabeza de la Hidra.* México: Joaquín Mortiz, 1978.

_____. *Cambio de piel.* México: Joaquín Mortiz, 1967.

_____. *Cantar de ciegos.* México: Joaquín Mortiz, 1964.

_____. *Cervantes o la crítica de la lectura.* México: Cuadernos Joaquín Mortiz, 1976.

_____. *Cumpleaños.* México: Joaquín Mortiz, 1969.

_____. *Los días enmascarados.* México: Los Presentes, 1954.

_____. *La muerte de Artemio Cruz.* 1962; rpt. México: Letras mexicanas, 1973.

_____. *La nueva novela hispanoamericana.* México: Cuadernos de Joaquín Mortiz, 1969.

_____. *La región más transparente.* México: Fondo de Cultura Económica, 1958.

_____. *Terra nostra.* México: Joaquín Mortiz, 1975.

_____. *Todos los gatos son pardos.* México: Siglo XXI, 1970.

_____. *El tuerto es rey.* México: Joaquín Mortiz, 1970.

_____. «Mugido, muerte y misterio: el mito de Rulfo.» *Revista Iberoamericana*, XLVII, 116-117 (julio-diciembre, 1981), 11-21.

_____. «El tiempo.» En *Aproximaciones a Octavio Paz.* Ed. Angel Flores. México: Joaquín Mortiz, 1974, 32-37.

_____. José Miguel Oviedo, Juan Goytisolo, Jorge Edwards y Mario Vargas Llosa. «Mesa redonda; la experiencia de los novelistas.» *Re-

vista Iberoamericana, XLVII, 116-117 (julio-diciembre, 1981), 309-321.

García Márquez, Gabriel. *Cien años de soledad.* 1967; rpt. Barcelona: Plaza y Janés, 1975.

Garza de Koniecki, María del Carmen. «La muerte en la poesía popular mexicana.» En *Actas del Tercer Congreso Internacional de Hispanistas.* México: Colegio de México, 1970, 403-410.

Genette, Gérard. *Figures: Essais.* Paris: Éditions du Seuil, 1966.

Gilman, Stephen. *The Art of «La Celestina.»* Madison: University of Wisconsin Press, 1956.

Goić, Cedomil. *Historia de la novela hispanoamericana.* Valparaíso: Editorial Universitaria, 1972.

González, Manuel Pedro. «La novela hispanoamericana en el contexto de la internacional.» En *Coloquio sobre la novela hispanoamericana.* Ed. Ivan Schulman et. al. México: Fondo de Cultura Económica, 1967, 35-109. «Acotaciones a *La muerte de Artemio Cruz*,» 89-100.

González Arauzo, Angel. «No Other Ends than Possession.» *The Mexico Quarterly Review,* I, 4 (December 1962), 268-271.

González Echevarría, Roberto. «*La muerte de Artemio Cruz* y Unamuno una fuente de Fuentes.» *Cuadernos Americanos,* 177 (1971), 197-207.

Gorostiza, José. *Poesía: Notas sobre poesía; Canciones para cantar en las barcas; Del poema frustrado; Muerte sin fin.* 1ª ed. México: Fondo de Cultura Económica, Letras mexicanas, 1964.

Guzmán, Daniel de. *Carlos Fuentes.* New York: TWAS 151, 1972.

Gyurko, Lanin A. «*La muerte de Artemio Cruz* and *Citizan Kane*: A Comparative Analysis.» En *Carlos Fuentes: A Critical View.* Ed. Robert Brody and Charles Rossman. Austin: University of Texas Press, 1982, 64-94.

_____. «Structure and Theme in Fuentes' *La muerte de Artemio Cruz.*» *Symposium,* 34 (Spring 1980), 29-41.

Hammerly, Edith. «Estructura y sentido en *La muerte de Artemio Cruz*, de Carlos Fuentes.» *Explicación de Textos Literarios,* 4, II (1975-1976), 207-212.

Harss, Luis y Barbara Dohmann. *Into the Mainstream.* New York: Harper and Row, 1967, 276-309.

Hita, Arcipreste de (Juan Ruiz). *Libro de buen amor.* Ed., Introd. y notas de Jacques Joset. 2 vols. Madrid: Clásicos Castellanos, 1974.

Hoek, Leo H. «L'imposture du titre ou la fausse vraisemblance.» En *Du-*

Linguistique au Textuel. Ed. Charles Grivel et A. Kibédi Varga. Assen, Amsterdam: Van Gorcum, 1974, 111-120.

Horowitzs, Irving Louis ed. *The New Sociology: Essays in Social Science and Social Theory in Honor of C. Wright Mills*. New York: Oxford University Press, 1964.

Hutcheon, Linda. *Narcissistic Narrative: The Metafictional Paradox*. Ontario: Wilfrid Laurier University Press, 1980.

Jameson, Fredric. «Criticism in History.» En *Weapons of Criticism: Marxism in America and the Literary Tradition*. Ed. Norman Rudich. Palo Alto: Ramparts Press, 1976, 31-50.

_____. «Metacommentary.» *PMLA*, 86 (1971), 9-18.

Jara C., René. «El mito y la nueva novela hispanoamericana. A Propósito de *La muerte de Artemio Cruz*.» En *Homenaje a Carlos Fuentes: Variaciones interpretativas en torno a su obra*. Ed. Helmy F. Giacoman. New York: Anaya-Las Américas, 1971, 147-208.

Jenny, Laurent. «The Strategy of Form.» En *French Literary Theory Today*. Ed. Tzvetan Todorov. Cambridge: Cambridge University Press, 1982, 34-63.

Jones, Grahame C. *L'Ironie dans les Romans de Stendhal*. Lausanne: Édition du grand Chêne, 1966.

Jung, Carl G. *Los complejos y el inconsciente*. Trad. Jesús López Pacheco. 4ª ed. Madrid: Alianza Editorial, 1979.

Kellman, Steven G. *The Self-Begetting Novel*. New York: Columbia University Press, 1980.

_____. «Dropping Names: The Poetics of Titles.» *Criticism: A Quarterly for Literature and the Arts*, XVII, 2 (Spring 1975), 152-167.

Kristeva, Julia. *El texto de la novela*. Trad. Jordi Llovet. 2ª ed. Barcelona: Lumen, 1981.

_____. *Recherches pour une Semanalyse*. Paris: Éditions du Seuil, 1969.

Lanser, Susan Sniader. *The Narrative Act: Point of View in Prose Fiction*. Princeton: Princeton University Press, 1981.

Leal, Luis. «History and Myth in the Narrative of Carlos Fuentes.» En *Carlos Fuentes: A Critical View*. Ed. Robert Brody y Charles Rossman. Austin: University of Texas Press, 1982, 3-17.

_____. «Review of *El laberinto de la soledad* by Octavio Paz.» *Revista Iberoamericana*, XXV, 19 (enero-junio 1960), 184-186.

Levine, George. «Realiam Reconsidered.» En *The Theory of the Novel*.

Ed. John Halperin. New York: Oxford University Press, 1974, 233-256.

López Pinciano, Alonso. *Philosophia Antigua Poética*. Ed. Alfredo Carballo Picazo, 3 vols. 1596; rpt. Madrid: Consejo Superior de Investigaciones Científicas, Instituto «Miguel de Cervantes,» 1953.

Loveluck, Juan. «Intención y forma en *La muerte de Artemio Cruz*.» En *Homenaje a Carlos Fuentes: Variaciones interpretativas en torno a su obra*. Ed. Helmy F. Giacoman. New York: Anaya-Las Américas, 1971, 209-228. También en *Novelistas hispanoamericanos de hoy*. Madrid: Taurus, 1976. Y en *Nueva narrativa hispanoamericana*, I, 1 (enero 1971), 105-116.

MacAdam, Alfred and Alexander Coleman. «An Interview with Carlos Fuentes.» *Book Forum*, IV, 4 (1979), 672-685.

Machado, Antonio. *Poesías escogidas*, 6ª ed. Madrid: Aguilar, 1972.

Maldonado Denis, Manuel. «Fuentes, Carlos. *La región más transparente; Las buenas conciencias; La muerte de Artemio Cruz*.» (Reseña). *Asomante*, XIX, 4 (octubre-diciembre 1963), 69-73.

Manrique, Jorge. *Coplas de don Jorge Manrrique por la muerte de su padre*. En *Jorge Manrique: Cancionero*. 7ª ed. Augusto Cortina. Madrid: Clásicos Castellanos, 1975.

Maraniss, James E. *On Calderón*. Columbia: U. of Missouri Press, 1978.

Martín Santos, Luis. *Tiempo de silencio*. 12ª ed. 1961; rpt. Barcelona: Seix Barral, 1978.

Mendilow, A. A. *Time and the Novel*. London, 1952; rpt. New York: Humanities Press, 1965.

Merrell, Floyd. «Communication and Paradox in Carlos Fuentes' *The Death of Artemio Cruz*: Toward a Semiotics of Character.» *Semiotica*, XVIII, 4 (1976), 339-360.

Mills, C. Wright. *The Power Elite*. New York: Oxford University Press, 1956.

Montaigne, Michel Eyquem de. *Essais*. Introd. y notas Maurice Rat. 2 vols. Paris: Garnier Frères, 1962.

Morrissette, Bruce. «Post-Modern Generative Fiction: Novel and Film.» *Critical Inquiry*, II, 2 (Winter 1975), 253-262.

Navas Ruiz, Ricardo. *El Romanticismo español: Historia y Crítica*. Salamanca: Anaya, 1973.

Noon, William T. «Modern Literature and the Sense of Time.» *Thought*, XXXIII (1958), 571-603.

Ortega y Gasset, José. *La deshumanización del arte y otros ensayos de esté-*

tica. 11ª ed. Madrid: Revista de Occidente, el Arquero, 1976.

Osorio, Nelson. «Un aspecto de la estructura de *La muerte de Artemio Cruz*.» En *Homenaje a Carlos Fuentes: Variaciones interpretativas en torno a su obra*. Ed. Helmy F. Giacoman. New York: Anaya-Las Américas, 1971, 125-146.

Ovidio. *Metamorfosis*. Introd., trad. y notas Antonio Ruiz de Elvira. Barcelona: Bruguera, 1983.

Parker, Alexander A. *The Allegorical Drama of Calderón: An Introduction to the Autos Sacramentales*. Oxford: The Dolphin Book, 1968.

Paz, Octavio. *El laberinto de la soledad*. 10ª reimpresión. México: FCE, 1982.

Percas de Ponseti, Helena. *Cervantes y su concepto del arte: Estudio de algunos aspectos y episodios de «El Quijote.»* 2 vols. Madrid: Gredos, 1975.

Pérez Galdós, Benito. *Obras Completas*. Introd. Federico C. Sainz de Robles. 8 vols. Novelas: Tomos 1-3. Madrid: Aguilar, 1970-1971.

Petersen, Gerard. «Punto de vista y tiempo en *La muerte de Artemio Cruz* de Carlos Fuentes.» *Revista de Estudios Hispánicos*, VI, 1 (enero 1972), 85-95.

Pleynet, Marcelin. «La poesía debe tener por objeto . . .» En *Teoría de conjunto*. Redacción de Tel Quel, Trad. Salvador Oliva, Narcís Comadira y Dolors Oller. Barcelona: Seix Barral, 1971, 113-137.

Pollman, Leo. *La «Nueva Novela» en Francia y en Iberoamérica*. Trad. Julio Linares. Madrid: Gredos, 1971.

Reeve, Richard M. «Carlos Fuentes y el desarrollo del narrador en segunda persona: Un ensayo exploratorio.» En *Homenaje a Carlos Fuentes: Variaciones interpretativas en torno a su obra*. Ed. Helmy Giacoman. New York: Anaya — Las Américas, 1971, 75-87.

_____. «Carlos Fuentes.» En *Narrativa y crítica de nuestra América*. Introd. y ed. Joaquín Roy. Madrid: Castalia, 1978, 287-316.

Ricardou, Jean. *Le Nouveau Roman*. Paris: Éditions du Seuil, 1973.

_____. *Nouveaux problèmes du roman*. Paris: Éditions du Seuil, 1978.

_____. «Esquisse d'une théorie des générateurs.» En *Positions et oppositions sur le Roman Contemporain*. Ed. Michel Mansuy. Paris: Éditions Klincksieck, 1971, 143-162.

_____. «Naissance d'une fiction,» y «Discussion.» En *Nouveau Roman, Hier, Aujourd'hui*. Direc. Jean Ricardou et Françoise van

Rossum-Guyon, Vol. 2, «Pratiques.» Paris: Union Générale d'Éditions, 1972, 379-392 y 393-417.

Riley, Edward C. *Teoría de la novela en Cervantes*. Madrid: Taurus, 1962.

Robbe-Grillet, Alain. «Sur le choix des générateurs,» y «Discussion.» En *Nouveau Roman, Hier, Aujourd'hui*. Direc. Jean Ricardou et Françoise van Rossum-Guyon, Vol. 2. «Pratiques.» Paris: Union Générale d'Éditions, 1972, 157-162 y 163-173.

Rodríguez Monegal, Emir. «Carlos Fuentes.» En *Homenaje a Carlos Fuentes: Variaciones interpretativas en torno a su obra*. Ed. Helmy F. Giacoman. New York: Anaya-Las Américas, 1971, 23-65.

_____. «El mundo mágico de Carlos Fuentes.» Suplemento de *Imagen*, 16 (15-30 enero 1968), 9-16.

Rojas, Fernando de. *La Celestina: Tragicomedia de Calisto y Melibea*. Introd. Stephen Gilman; ed. y notas Dorothy S. Severin. Madrid: Alianza Editorial, 1974.

Rulfo, Juan. *Pedro Páramo*. México: Fondo de Cultura Económica, Letras mexicanas, 1955.

Sarduy, Severo. «El barroco y el neobarroco.» En *América Latina en su literatura*. Ed. César Fernández Moreno. México: Siglo XXI, 1972, 167-184.

Scholes, Robert. *Fabulation and Metafiction*. Urbana: University of Illinois Press, 1979.

Schorer, Mark. «Technique as Discovery.» *The Hudson Review*, I, 1 (Spring 1948), 67-87.

Shaw, Donald L. «Narrative Arrangement in *La muerte de Artemio Cruz*.» *Forum for Modern Language Studies*, XV, 2 (April 1979), 130-143.

Sommers, Joseph. «Individuo e historia: *La muerte de Artemio Cruz*.» En *La novela hispanoamericana actual*. Ed. Angel Flores y Raúl Silva Cáceres. New York: Las Américas, 1971, 145-155.

Sosnowski, Saúl. «Entrevista a Carlos Fuentes.» *Eco*, XLIV/6, 240 (Octubre 1981), 615-649.

Sternberg, Meir. *Expositional Modes and Temporal Ordering in Fiction*. Baltimore: The Johns Hopkins University Press, 1978.

Tejerina-Canal, Santiago. «*La muerte de Artemio Cruz* y Ortega: Texto e intertexto.» En *La Chispa '85: Selected Proceedings*. Ed. Gilbert Paolini. New Orleans: Tulane University, 1985, 349-360.

_____. «La auto-consciencia literaria: Reivindicación hispánica.» En *Studies in Honor of Sumner Greenfield*. Ed. H.L. Boudreau and Luis González-del-Valle. University of Nebraska-Lincoln: SSSAS, 1985, 187-214.

Todorov, Tzevetan. *Introduction à la littérature fantastique*. Paris: Éditions du Seuil, 1970.

_____. *Littérature et signification*. Paris: Larousse, 1967.

_____. *Poétique de la Prose*. Paris: Éditions du Seuil, 1971.

Torrente Ballester, Gonzalo. *Fragmentos de Apocalipsis*. Barcelona: Destino, 1977.

Turnell, Martin. «*Le Rouge et le Noir*.» En *Stendhal: A Collection of Critical Essays*. Ed. Victor Brombert. New Jersey: Prentice-Hall, 1962, 15-33.

Unamuno y Jugo, Miguel de. *Obras Selectas*. Pról. Julián Marías, 4ª ed. Madrid: Plenitud, 1960.

Villanueva, Darío. *Estructura y tiempo reducido en la novela*. Valencia: Bello, Biblioteca Filológica, 1977.

Yndurain, Francisco. «La novela desde la segunda persona: Análisis estructural.» En *Prosa novelesca actual*. Madrid: Universidad Internacional Menéndez y Pelayo, 1968, 157-182.

II. Otros materiales útiles no citados

Aguiar e Silva, Víctor Manuel de. *Teoría de la literatura*. Trad. Valentín García Yebra. Madrid: Gredos, 1975.

Allen, Catherine M. «La correlación entre la filosofía de Jean-Paul Sartre y *La muerte de Artemio Cruz* de Carlos Fuentes.» En *Homenaje a Carlos Fuentes: Variaciones interpretivas en torno a su obra*. New York: Anaya-Las Américas, 1971, 399-422.

Arana-Freire, Elsa. «La libertad de los demás y el lector comprometido.» *Visión*, 27 de febrero de 1971, XXXIX, 4, 27-29.

Araujo, Ileana. «Valores temáticos y estructurales en *La muerte de Artemio Cruz*.» *Caribe*, II, 2 (1977), 69-75.

Arroyo, Anita. *Narrativa hispanoamericana actual: América y sus problemas*. Puerto Rico: Editorial Universitaria, 1980, 171-186.

Baker, Armand Fred. «El tiempo en la novela hispanoamericana: Un estudio del concepto del tiempo en siete novelas representativas.» Diss. University of Iowa, 1967.

Berceo, Gonzalo de. *Los milagros de Nuestra Señora*. Vol. II de *Obras Completas*. Ed. Brian Dutton. London: Tamesis, 1971.

Boldy, Steven. «Fathers and Sons in Fuentes' *La muerte de Artemio Cruz*.»

Bulletin of Hispanic Studies, 61, 1 (January 1984), 31-40.

Boudreau, Harold L. «The Salvation of Torquemada: Determinism and Indeterminacy in the Later Novels of Galdós,» *Anales Galdosianos*, XV (1980), 113-128.

Breton, André le. «*Le Rouge et Le Noir*» *de Stendhal.* Paris: Mellotée, sin fecha.

Brodman, Barbara, L.C. *The Mexican Cult of Death in Myth and Literature.* Gainesville: The Univ. Press of Florida, 1976.

Brody, Robert y Charles Rossman, ed. *Carlos Fuentes: A Critical View.* Austin: University of Texas Press, 1982.

Brombert, Victor, ed. *Stendhal: A Collection of Critical Essays.* New Jersey: Prentince-Hall, 1962.

Brushwood, John S. *México in its Novel.* Austin: University of Texas Press, 1966, 36-41.

Carter, June Claire Dickinson. «Archetypal Symbols and Structure in the Work of Carlos Fuentes.» Diss. University of Washington, 1976.

Carter, June C. D. «*El otro* en Fuentes' *La muerte de Artemio Cruz.*» *Prismal/Cabral,* 6 (Spring 1981), 35-44.

Casalduero, Joaquin. *Sentido y forma del «Quijote» (1605-615).* Madrid: Insula, 1949.

Castañeda M., V. Emilio. «El catolicismo y la Revolución: La muerte en cuatro novelas mexicanas (*Al filo del agua, La vida inútil de Pito Pérez, Pedro Páramo, La muerte de Artemio Cruz*).» Diss. The University of New Mexico, 1979.

Castellanos, Rosario. «La novela mexicana contemporánea y su valor testimonial.» *Hispania,* XLVII, 2 (May 1964), 223-230.

Castex, Pierre-Georges. «*Le Rouge et le Noir*» *de Stendhal.* Paris: Société d'édition d'enseignement supérieur, 1970.

Cilveti, Angel L. Introd. a la ed. de *La vida es sueño* de Calderón de la Barca. Madrid: Anaya, 1970.

Chermack, Gertrude. «The Image of Labryinth in *The Death of Artemio Cruz.*» *Rackham Literary Studies,* 2 (1972), 124-126.

Christensen, Inger. *The Meaning of Metafiction: A Critical Study of Selected Novels by Sterne, Nabokov, Barth, and Beckett.* Bergen: Universitetsforlaget, 1981.

Delgado-Nieto, Carlos. «La suprema alternativa en la obra de Carlos Fuentes.» *Boletín cultural y bibliográfico,* X, 1 (1967), 137-139.

Díaz-Lastra, Alberto. «Carlos Fuentes y la Revolución traicionada.» *Cuadernos Hispanoamericanos,* 185 (mayo 1965), 369-375.

Dixon, Paul B. «*La muerte de Artemio Cruz* and Baroque Correlative Poetry.» *Hispanófila,* 28, 3 (May 1985), 93-102.

Durán, Gloria. *La magia y las brujas en la obra de Carlos Fuentes.* México: Universidad Nacional Autónoma, 1976.

Durán, Gloria B. *The Archetypes of Carlos Fuentes: From Witch to Androgyne.* Conneticut: Archon Books, 1980.

Durán, Manuel. *Tríptico Mexicano.* México: Secretaría de Educación Pública, Septenas 81, 1973.

Eco, Umberto. *The Role of the Reader: Explorations in the Semiotics of Texts.* Bloomington: Indiana University Press, 1979.

Echeverría, José. «*El Quijote» como figura de la vida humana.* Santiago de Chile: Universidad de Chile, 1965.

Fernández Moreno, César, ed. *América Latina en su literatura.* México: Siglo XXI, 1972.

Filer, Malva E. «Los mitos indígenas en la obra de Carlos Fuentes.» *Revista Iberoamericana,* 50, 127 (Abril-Junio 1984), 475-489.

Flores, Angel, ed. *Aproximaciones a Octavio Paz.* México: Joaquín Mortiz, 1974.

Flores, Angel y Raúl Silva Cáceres, ed. *La novela hispanoamericana actual: Compilación de ensayos críticos.* New York: Anaya-Las Américas, 1971.

Forster, E.M. *Aspects of the Novel.* London, 1927; rpt. New York: Harcourt Brace Jovanovich, n.d.

Forster, Merlin H., ed. *La muerte en la poesía mexicana.* México: Diógenes, 1970.

Fougues, Bernard. «El espacio órfico de la novela en *La muerte de Artemio Cruz.*» *Revista Iberoamericana,* XLI, 91 (abril-junio 1975), 237-248.

Frye, Northrop. *Anatomy of Criticism.* Princeton University, 1971.

Fuentes, Carlos. *Casa con dos puertas.* México: Joaquín Mortiz, 1970.

_____. *Cuerpos y ofrendas: Antología.* Madrid: Alianza Editorial, 1972.

_____. *Chac Mool y otros cuentos.* Madrid-Barcelona: Biblioteca General Salvat, 1973.

_____. *Familia lejana.* México: Era, 1980.

_____. *Gringo viejo.* México: Fondo de Cultura Económica, 1985.

_____. *Paris: La Revolución de mayo.* México: Era, 1968.

_____. *Tiempo mexicano.* México: Cuadernos de Joaquín Mortiz, 1971.

_____. *Zona sagrada.* México: Siglo XXI, 1967.

_____. «Borges in Action: A Narrative Homage.» *PMLA*, 101, 5 (October 1986), 778-787.

_____. «Juan Goytisolo or the Novel as Exile.» *The Review of Contemporary Fiction.* Goytisolo/Reed Number (Summer 1984), 72-76.

García Yebra, Valentín, Introd., Trad. y notas. *Poética de Aristóteles: Edición trilingüe.* Madrid: Gredos, 1974.

Genette, Gérard. *Narrative Discourse: An Essay in Method.* Trans. Jane E. Lewin y Foreword Jonathan Culler. Ithaca: Cornell University Press, 1980.

Georgescu, Paul-Alexandru. «La dialéctica del destino en las novelas de Carlos Fuentes.» *Actas del Tercer Congreso Internacional de Hispanistas.* México: Colegio de México, 1970, 411-415.

Giacoman, Helmy F., ed. *Homenaje a Carlos Fuentes: Variaciones interpretativas a su obra.* New York: Anaya-Las Américas, 1971.

Glaze, Linda S. «La distorsión temporal y las técnicas cinematográficas en *La muerte de Artemio Cruz.*» *Hispamerica*, 14, 40 (April 1985), 115-120.

Godoy, Emma. «*Muerte sin fin*, de Gorostiza: Obra maestra.» En *Sombras de magia: poesía y plástica.* México: Fondo de Cultura Económica, 1968, 9-69.

Goldemberg, Isaac. «Perspectivismo y mexicanidad en la obra de Carlos Fuentes.» *Cuadernos Hispanoamericanos*, 271 (enero 1973), 15-33.

González Casanova, Henrique. «*Aura*, día enmascarado... y *Artemio Cruz*.» En «La cultura en México.» *Siempre*, 470, 27 de junio de 1962, p. XVI.

_____. «De lecturas, tedéums y confusiones.» En «La cultura en México,» *Siempre*, 472, 11 de junio de 1962, p. XVI.

González-del-Valle, Luis T. «La humanidad de Artemio Cruz y su proceso de auto-conocimiento.» En *El teatro de García Lorca y otros ensayos sobre literatura española e hispanoamericana.* University of Nebraska-Lincoln: Society of Spanish and Spanish-American Studies, 1980, 275-278.

Greenfield, Sumner M. *Ramón María del Valle-Inclán: Anatomía de un teatro problemático.* Madrid: Fundamentos, 1972.

Grivel, Charles et A. Kibédi Varga, ed. *Du Linguistique au Textuel.* Assen, Amsterdam: Van Gorcum, 1974.

Gyurko, Lanin A. «Self-Renewal and Death in Fuentes' *La muerte de Artemio Cruz.*» *Revista de Letras da Facultade de Filosofia, Ciências, e Letras de Assis,* 15 (1973), 59-80.

_____. «Self, Double, and Mask in Fuentes' *La muerte de Artemio Cruz*.» *Texas Studies in Literature and Language*, XVI, 2 (Summer 1974), 363-384.

_____. «Women in Mexican Society: Fuentes' Portrayal of Oppression.» *Revista Hispánica Moderna*, XXXVIII, 4 (1974-1975), 206-229.

Hellerman, M. Kasey. «The Coatlicue-Malinche Conflict: A Mother and Son Identity Crisis in the Writings of Carlos Fuentes.» *Hispania*, LVII, 4 (December 1974), 868-875.

Hennessy, Alistair. «The Mexican Revolution, Between Pragmatism and Ideology.» *Encounter*, XXV, 3 (September 1965), 50-54.

Iser, Wolfgang. *The Implied Reader: Patterns of Communication in Prose Fiction From Bunyan to Beckett*. Baltimore: The Johns Hopkins University Press, 1974.

Jansen, André. *La novela hispanoamericana actual y sus antecedentes*. Barcelona: Nueva Colección Labor, 1973, 111-125.

Knapp, Judy Kay. «*La muerte de Artemio Cruz*: A Thematic and Technical Analysis.» Diss. University of Washington, Seattle, 1966.

Knight, Thomas J., y Jane C. Millar. «The Revolutionary Savior for All Seasons in Fuentes' *La muerte de Artemio Cruz*.» *Revista Interamericana*, 7 (1977-1978), 574-582.

Kraus, Georgina. «The Use of Hands in *La muerte de Artemio Cruz*.» *Graduate Studies in Romance Languages*, 1 (1984), 35-37.

Langford, Walter M. *The Mexican Novel Comes of Age*. Notre Dame: University of Notre Dame Press, 1971, 127-150.

Leal, Luis. «Aspects of the Mexican Novel from Lizardi to Elizondo. *Arizona Quarterly*, XXIV, 1 (Spring 1968), 53-64.

Levine, Susan Fleming. «Heresy and Hope in the Works of Carlos Fuentes.» Diss. University of Kansas, 1980.

Lévy, Isaac Jack, y Juan Loveluck, eds. *Simposio Carlos Fuentes: Actas*. Columbia: University of South Carolina, 1978.

Lower, Andrea. «La unidad narrativa en *La muerte de Artemio Cruz*.» *Tinta*, 1, 3 (December 1983), 19-26.

Lubbock, Percy. *The Craft of Fiction*. 1921; rpt. New York, 1963.

Lugo-Filippi, Carmen. «*La muerte de Artemio Cruz y La modificación*.» *Revista de Estudios Hispánicos-Puerto Rico*, 8 (1981), 11-23.

Mansuy, Michel. *Positions et oppositions sur le Roman Contemporain*. Paris: Éditions Klincksieck, 1971.

Mead, Robert G. «Carlos Fuentes, airado novelista mexicano.» *Hispania*,

L, 2 (May 1967), 229-235.

Merlino, Mario. «Artemio Cruz o la ficción del poder.» *Cuadernos Hispanoamericanos*, 325 (julio 1977), 132-142.

Meyer-Minnemann, Klaus. «*La muerte de Artemio Cruz*: Tiempo cíclico e Historia del México Moderno.» En *Simposio Carlos Fuentes: Actas*. Ed. Isaac Jack Lévy y Juan Loveluck. Columbia: University of South Carolina, 1978, 87-98.

Miliani, Domingo. *Realidad mexicana en su novela de hoy*. Caracas: Monte Avila, 1968, 76-92.

Millán, María del Carmen. «Sobre Carlos Fuentes: *La muerte de Artemio Cruz*.» *Revista Iberoamericana*, XXVIII (1962), 397-399.

Minc, Rose S., ed. *Latin American Fiction Today: A Symposium*. Takoma Park y Montclair State College: Hispamerica, 1979.

Montero, Janina. «Historia y novela en Hispanoamérica: El lenguaje de la ironía.» *Hispanic Review*, XLVII, 4 (Autumn 1979), 505-519.

Moody, Michael W. «Existencialism, México and Artemio Cruz.» *Romance Notes*, X, 1 (Autumn 1968), 27-31.

Morón Arroyo, Ciriaco. Introd. a la ed. de «*La vida es sueño*» de Pedro Calderón de la Barca. Madrid: Cátedra, 1978.

Navarro, Noel. «México y la novela de la Revolución.» *Epoca*, 176 (noviembre 1976), 72-73.

Ocampo de Gómez, Aurora M., y Ernesto Prado Velázquez. *Diccionario de escritores mexicanos*. México: UNAM, Centro de Estudios Literarios, 1967, 120-123.

Ortega Martínez, Fidel. *Carlos Fuentes y la realidad de México*. México, 1969.

Oviedo, José Miguel. «Muerte y realidad en Carlos Fuentes.» En «La cultura en México.» *Siempre*, 485, 10 de octubre de 1962, XIV.

_____, y Maryellen Bieder, ed. *La novela en español hoy: Carlos Fuentes, Juan Goytisolo, Mario Vargas Llosa*. *Revista Iberoamericana*, XLVII, 116-117. Pittsburg: University of Pittsburg, julio-diciembre de 1981.

Palau de Nemes, Graciela. «Dos singulares expresiones poéticas de muerte y resurrección: *Muerte sin fin* de José Gorostiza y *Espacio de Juan Ramón Jiménez*.» *Actas del Tercer Congreso Internacional de Hispanistas*. México: Colegio de México, 1970, 657-664.

Parker, Alexander A. «The Theology of the Devil in the Drama of Calderón.» *The Aquinas Society of London*. Aquinas Paper 32, 1957.

Passafari, Clara. «Carlos Fuentes y la evaluación crítica de la Revolución.»

En *Cambios en la concepción y estructura de la novela mexicana desde 1947*. Rosario: Universidad Nacional del Litoral, 1968, 117-151. «*La muerte de Artemio Cruz*,» 141-150.

Paz, Octavio. «La máscara y la trasparencia.» En *Homenaje a Carlos Fuentes: Variaciones interpretativas en torno a su obra*. Ed. Helmy F. Giacoman. New York: Anaya-Las Américas, 1971, 17-22.

Piazza, Luis Guillermo. «Siete días: Tesis sobre Fuentes.» «Diorama de la cultura,» en *Excelsior*, 19 noviembre, 1967, 5.

Propp, Vladimir. *Morfología del cuento*. Madrid: Fundamentos, 1971.

Ramírez, Genevieve. «Thematic Evolution in the 'Novelas Totalizadoras' of Carlos Fuentes.» *Proceedings of the Pacific Northwest Conference on Foreign Languages*, XXIX, 1 (1978), 147-150.

Reeve, Richard M. «The Narrative Technique of Carlos Fuentes: 1954-1964.» Diss. University of Illinois, 1967.

_____. «Carlos Fuentes.» *Narrativa crítica de nuestra América*. Ed. Joaquín Roy. Madrid: Castalia, 1978, 287-316.

_____. «An Annotated Bibliography on Carlos Fuentes: 1949-1969.» *Hispania*, 53 (oct. 1970), 597-652.

_____. «Carlos Fuentes y la novela: Una bibliografía escogida.» En *Homenaje a Carlos Fuentes: Variaciones interpretativas en torno a su obra*. Ed. Helmy F. Giacoman. New York: Anaya-Las Américas, 1971, 473-494.

Ricardou, Jean et Françoise van Rossum-Guyon, direc. *Nouveau Roman: Hier, Aujourd'hui*. 2 vols. Paris: Union Générale d'Éditions, 1972.

Rodríguez Monegal, Emir. *El arte de narrar*. Caracas: Monte Avila, 1968.

Rose, Margaret A. *Parody / Metafiction*. London: Croom Helm, 1979.

Roy, Joaquín, ed. *Narrativa y crítica de nuestra América*. Madrid: Castalia, 1978.

Rudich, Norman. *Weapons of Criticism: Marxism in American and the Literary Tradition*. Palo Alto: Ramparts Press, 1976.

Ruiz Ramón, Francisco. *Historia del teatro español: Desde sus orígenes hasta 1900*. Vol. I. Madrid: Cátedra, 1979. «El Auto Sacramental,» 269-281.

Sainz, Gustavo. «Diez años de literatura mexicana.» *Espejo*, 1 (primer trimestre 1967), 163-173.

Sanchez Palacios, Juan Angel. «Algunos aspectos de la novela *La muerte de Artemio Cruz*.» *Armas y Letras* (Monterrey), VI, 4 diciembre 1963, 83-89.

Scott, Nina M. «*La muerte de Artemio Cruz*: Una deuda con Stephen Crane.» En *Simposio Carlos Fuentes: Actas*. Ed. Isaac Jack Lévy y Juan Loveluck. Columbia: University of South Carolina, 1978, 99-109.

Schafer, Susan. «The Development of the Double in Selected Woks of Carlos Fuentes.» *Mester*, 6 (1977), 81-86.

Scholes, Robert. *Structuralism in Literature: An Introduction*. New Haven-London: Yale University Press, 1974.

Schulman, Ivan, et. al. *Coloquio sobre la novela hispanoamericana*. México: Fondo de Cultura Económica, 1967.

Shrady, Nicholas. «Carlos Fuentes: Life and Language.» *The New York Times: Book Review*, August 19, 1984, CXXXIII, 46.141, Section 7, 1 y 26-27.

Sinnigen, John H. «El desarrollo combinado y desigual y *La muerte de Artemio Cruz*.» *Cuadernos Hispanoamericanos*, 396 (June 1983), 697-707.

Sommers, Joseph. *After the Storm: Landmarks of the Modern Mexican Novel*. Albuquerque: University of New Mexico Press, 1968, 95-164.

Subercaseaux, Bernardo. «Las hechicerías de Carlos Fuentes.» *Revista Chilena de Literatura*, 4 (otoño 1971), 35-53.

Tel Quel, Redacción de. *Teoría de conjunto*. Trad. Salvador Oliva, Narcís Comadira y Dolors Oller. Barcelona: Seix Barral, 1971.

Tinnell, Roger D. «*La muerte de Artemio Cruz*: A Virtuoso Study in Sensualism.» *MLN*, XCIII, 2 (March 1978), 334-338.

Tittler, Jonathan. *Narrative Irony in the Contemporary Spanish-American Novel*. Ithaca: Cornell University Press, 1984.

_____. «Cambio de zona/Piel sagrada': Transfiguration in Carlos Fuentes.» *World Literature Today*, 57, 4 (Autumn 1983), 585-590.

Todorov, Tzvetan, ed. *French Literary Theory Today*. Cambridge: Cambridge University Press, 1982.

Valbuena Briones, Angel. «El tema del desencanto en la novela de la Revolución mexicana.» *Arbor: Ciencia, Pensamiento y Cultura*, CVII, 417-418 (septiembre-octubre, 1980), 23-33.

Valbuena Prat, Angel. *Prólogos a las eds. de Auto Sacramentales de Calderón de la Barca*. Madrid: Clásicos Castellanos 69 y 74, 1967 y 1972.

Valdés, M.J. «Myth and History in *Cien años de soledad* and *La muerte de Artemio Cruz*.» *Reflexión 2: Primera Revista de Cultura Hispánica en Canadá*, 3-4 (1974-1975), 243-255.

Vidal, Hernán. «El modo narrativo en *La muerte de Artemio Cruz* de Carlos Fuentes.» *Thesavrvs*, XXXI, 2 (mayo-agosto 1976), 300-326.

Villar, Luis Manuel. «Imagen de los sindicatos en *La muerte de Artemio*

Cruz.» *Discurso Literario*, 1, 1 (Fall 1983), 79-93.

Viñas, David. «Carlos Fuentes: Cuerpo, clase y desintegración.» *La Gaceta* (Buenos Aires), 3 de abril de 1966.

Wardropper, Bruce W., ed. *Critical Essays on the Theater of Calderón.* New York: University Press, 1965.

Wilson, Jerry W. «Steinbeck, Fuentes, and The Mexican Revolution.» *Southwest Review*, 67, 4 (Autumn 1982), 430-440.

APENDICE

ALGO MAS SOBRE LA ESTRUCTURA

Según hemos apuntado en la nota 3 del capítulo I y en la 30 del II, ha sido abundantemente discutido por los críticos el acierto o desgracia de la estructura de nuestra novela. En tal sentido nos adherimos a los Osorio, Jara, Befumo y Calabrese, Gyurko, Loveluck, Hammerly, Shaw, de la Fuente, . . . quienes defienden lo ordenado de una estructura de apariencia caótica.

Bajo una apariencia complicada existen códigos textuales y pre-textuales que nos revelan secretos de la estructura de la obra. Tal es el caso del nombre del protagonista, cuyas letras inicial y postrera forman el principio y fin de nuestro alfabeto—lo que nos habla sobre la estructura circular de la novela—y cuyo sistema vocálico es total y ordenado—como reflejo de una organización estructural perfecta, progresiva y completa.

No olvidamos tampoco el cuadro onomástico del «boggle» del segundo capítulo con sus doce espacios reticulares, reflejo de las doce horas de la agonía de Artemio-Tú y de los doce grupos narratológicos de la novela. Después de todo, de acuerdo con Juan Eduardo Cirlot en su *Diccionario de símbolos*, el doce, en su identificación con el círculo, se corresponde a las ordenaciones cíclicas completas, como ocurre con la división del medio día en doce horas, del año en doce meses, con los doce puntos de la rosa de los vientos o los doce signos del zodíaco; doce son las tribus israelíes del Antiguo Testamento y doce los apóstoles del Nuevo; doce los días del ciclo navideño del Salvador (Artemio es salvador irónico) y doce los dioses mayores de numerosas teogonías; doce los caballeros de la Tabla Redonda, lo mismo que los Doce Pares de Francia. Es, pues, el doce, ligado a la idea de espacio y tiempo, el símbolo del orden cósmico y, por ello, metáfora autoconsciente en nuestra novela de su circular estructura semántica y narratológica.

Colgando deja Fuentes, a modo de coda, el incompleto treceavo episodio de la muerte abierta de Artemio, lo que no parece ser en absoluto casual, pues, de nuevo según Juan Eduardo Cirlot, el trece simboliza la muerte y el nacimiento, el cambio y la reanudación tras el final: tarea esta última, que el narrador de nuestra novela deja emblemáticamente encomendada al lector implícito.

Hasta el momento sólo hemos hablado de indicios que apuntan hacia lo apropiado de la super-estructura. Pero el hecho es que esos indicios se materializan en el texto. En el capítulo IV—apartados 5-6—mostrábamos el movimiento causal atemporal, «tramático,» del proceso mental que vive Artemio-Yo en esas más-de-dos horas últimas de su existencia; de forma que asistimos a lo largo de la novela a la recuperación y justificación de la vida del protagonista, según él mismo nos la ofrece mediante la representación dramática o narrativa de su progresiva desintegración, sólo interrumpida por ciertas pausas deudoras de la peripecia clásica.

Podríamos acusar de subjetivas las anteriores apreciaciones, a pesar de que creemos haber mostrado suficiente evidencia de su objetividad. Por otra parte, esas teorías no contradicen los ordenamientos estructurales defendidos por algunos críticos de la novela; simplemente son un índice más de esa riqueza estructural y artística de la obra. Sin embargo creemos tener además evidencia matemática de lo acertado de esa rica super-estructura, si miramos al cuadro que nos mostró los episodios de Regina, Laura y Lorenzo como positivos y que a continuación transcribimos.

Cuadro 1

Nº de orden en «sujet» y «trama»	Nº de orden en «historia» y «fábula»	Fecha	Asunto o suceso Principal
1	10	6-VII-1941	Exposición: Prosperidad y estado de Artemio
2	5	20-V-1919	Gamaliel Bernal
3	3	4-XII-1913	REGINA
4	6	3-VI-1924	Matrimonio y vida con Catalina
5	7	23-XI-1927	Vida política y traición nacional

6	11	11-IX-1947	Lilia
7	4	22-X-1915	Gonzalo y Yaqui Tobías
8	8	12-VIII-1934	LAURA
9	9	3-II-1939	LORENZO
10	12	31-XII-1955	Fiesta de San Silvestre
11	2	18-I-1903	Lunero y Ludivinia
12	1	9-IV-1889	Nacimiento de Artemio
1-12	13	9/10-IV-1959	Colapso, Agonía y muerte

En el presente cuadro tenemos cuatro columnas, en la primera de las cuales se representa el número de orden en que aparecen los episodios en el texto efectivo de la novela o «sujet,» que, por otra parte, dijimos—siguiendo las teorías de Meir Sternberg—en este caso coincidía con la «trama» o desarrollo causal de los hechos en la mente del protagonista y en la abstracción mental del lector. En la segunda columna apuntamos el orden que los mismos episodios ocupan, teniendo en cuenta la sucesión cronológica («historia»), de acuerdo con las fechas que se nos dan al principio de cada narración de tercera persona. Si consideramos el determinismo de la impetuosa vida «real» y no «mental» de Artemio Cruz, comenzada en la violación, y con antecedentes genéticos personal, familiar y nacionalmente exaltados, podríamos también establecer una identidad entre la «historia» y la «fábula» cronológico-causal. Es verdad que Carlos Fuentes huye de la convencionalidad del ordenamiento númerico en capítulos; sin embargo, este artificio se halla emblematizado en la ordenación constante del triple corpus narratológico y en la única regular intervención, abierta y descarada del autor: las doce fechas entre paréntesis que encabezan los apartados de tercera persona.

El paso siguiente ha de ser necesariamente el examen de los dígitos, que, como lector, convencionalmente adscribimos al «sujet» y/o «historia» que tenemos entre manos. ¿Se puede mostrar, o mejor dicho, demostrar, numéricamente la desintegración progresiva del protagonista de la obra en su ordenación causal o «tramática,» con las pausas deudoras de la peripecia clásica, como defendíamos en el capítulo último?

En el primer episodio del «sujet» dijimos que se nos muestra, a modo de exposición «tramática,» la prosperidad de Artemio y su viva actividad. Ese sentido de plenitud aparece efectivamente reflejado en el número de orden que corresponde a ese episodio en la «historia»: «10.»

En ese camino del proceso deteriorador del protagoinsta, registrábamos en el segundo episodio de la «trama» el principio del éxito de Artemio a costa de la caída de su futuro suegro. A más poder del primero, menos del segundo; es más, ese poderío pasa íntegra y matemáticamente de uno a otro personaje: de forma inversamente proporcional, a doble potencia de Artemio se corresponde la reducción a la mitad de la de Gamaliel Bernal. Hallamos estos hechos de nuevo en la relación cuantitativa entre las cifras de la «trama» y de la «historia»: mientras el número de aquélla—perteneciente exclusivamente al proceso mental de Artemio—se dobla (1 —— 2), el de ésta—el recuerdo de la historia de Gamaliel—se reduce proporcionalmente a la mitad (10 —— 5).

Ya hemos apuntado hasta la saciedad el hecho más palmario en la observación de nuestro cuadro: la coincidencia numérica de los episodios 3, 8 y 9 en ambas columnas, como metalenguaje estructural del sentido de autenticidad general de los episodios, y particular de sus protagonistas; de esa manera se constituyen en peripecia múltiple del interés narrativo.

Al episodio tercero del amor de Regina, sigue el del matrimonio y vida con Catalina, con cierta esperanza de amor, que contrasta con el interés materialista de esa unión y la traición particular a los campesinos indios, ampliada en el episodio siguiente a una traición nacional. Este gradual progreso peyorativo marcha, pues, unido a dos aspectos positivos paralelos: la esperanza amorosa del episodio de Catalina y la justificación del protagonista por la culpabilidad de otros (Catalina y/o Dios) en el siguiente apartado. Estos hechos hallan su eco en la paralela progresión positiva de los guarismos de ambos episodios en las dos primeras columnas de nuestro gráfico (4 —— 5 y 6 —— 7).

Observamos a renglón seguido la total divergencia númerica (6 = 11) del capítulo de Lilia, en apoyo de la drástica inautenticidad de los hechos allí contenidos.

La dramática caída cuantitativa en la columna de la «fábula» (11 —— 4)—la de más abultado valor hasta el momento—se convierte en comentario identificativo de la acentuación de la visión negativa, representada por el episodio de la traición, individual y nacional a la vez, de Artemio sobre el Yaqui Tobías y Gonzalo Bernal.

Después del alto en la «trama» constituido por los episodios octavo y noveno, la cúspide del poder económico de Artemio en la noche de San Silvestre, aparece reflejada estructuralmente en la adición de los números de las dos columnas de este episodio al ser tal cantidad la más elevada de todas las sumas, excluido el episodio número 13, en que, por otra parte, el poderío económico ya ha superado aquella cima.

En el episodio de Lunero (11-2) notamos cierta conformidad numérica, al ser la segunda cifra la suma de los dos guarismos de la primera, realizándose así un comentario estructural positivo a la entrega y autenticidad del padre adoptivo, tío y mejor amigo de Artemio.

Notemos también que en el caso del episodio del nacimiento de Artemio (12-1), se nos ofrece claramente el principio y el fin de la novela, con la identidad de contrarios—nacimiento-muerte—y el cierre del círculo vital y estructural de la obra.

Por otra parte, la acentuación de la degeneración, no sólo moral sino corporal, de los tres anteriores capítulos de la memoria de Artemio, se revela en el pronunciado descenso numérico de la columna de la «historia»-«fábula» (12 —— 2 —— 1).

Fuera ya de los sectores del recuerdo se halla el episodio número 13—no olvidemos lo nefasto del número, acorde al suceso que en el capítulo se nos cuenta—, el del colapso, agonía y muerte de Artemio, el del Yo y el del Tú, que precisamente representa el resumen y consecuencia de todo el pasado, como se nos sugiere por la suma de los guarismos de la primera columna que es igual al número de la segunda: $1 + 12 = 13$.

Tal vez se nos acuse de buscarle tres pies al gato en lo referente a las combinaciones de relaciones numéricas. Sin embargo, no sabemos aún si audaz o temerariamente, las ofrecemos en la confianza de su importancia estructural y artística.

Ciertamente la estructura de *La muerte de Artemio Cruz* no es ni caprichosa ni desordenada. Su caotismo aparente refleja el del mundo exterior e interior de Artemio; y tanto el uno como el otro, se rigen por ciertas reglas. Vale citar unas palabras de Jonathan Culler (pág. 66): «En el nivel consciente y especialmente en el inconsciente, según Levi-Strauss, la mente es un organismo estructurador que confiere forma a cualquier clase de material que encuentre a mano»: eso es lo que hace la mente estructuradora del narrador-protagonista. O tal vez podríamos volver a aquellas otras palabras de Bruce Morrissette que citábamos en el capítulo primero: «Out of post-modern fiction, behind a deceptive façade of rupture, chaos and non-structure, authors of contemporary novels and films are inventing new systems of coherency.» En esos mundos exterior e interior, los efectos, perniciosos o no, son producidos por ciertas causas. Por otra parte, la ordenación efectiva de los motivos y episodios marca las pinceladas más o menos fuertes en tono, colorido o expresividad, que determinan parte de la apariencia y sustancia de la obra de arte. De esa forma, la estructura de *La muerte de Artemio Cruz* se convierte, con el estilo, en metalenguaje expresivo de su contenido e imagen artísticos, de igual modo que los demás aspectos técnicos y temáticos que hemos observado, y a los que complementa.

INDICE